Hören Sie mal! 2

Übungen zum Hörverständnis

von Claudia Hümmler-Hille
und Eduard von Jan

Max Hueber Verlag

3. 2. 1.   Die letzten Ziffern
2004 03 02 01   bezeichnen Zahl und Jahr des Druckes.
Alle Drucke dieser Auflage können, da unverändert, nebeneinander
benutzt werden.
2. Auflage 2001
© 1994 Max Hueber Verlag, D-85737 Ismaning
Zeichnungen: Axel Gallun, Büdingen
Satz: Design-Typo-Print GmbH, Ismaning
Druck: MB Verlagsdruck, M. Ballas, Schrobenhausen
Printed in Germany
ISBN 3–19–011500–1

Inhaltsverzeichnis

Vorwort

Hören Sie mal! 2

ist eine Sammlung von authentischen Hörtexten mit Übungen, die für fortgeschrittene Deutschlerner sowohl im Klassenunterricht als auch im Selbststudium geeignet ist.

Das Material besteht aus

* 3 Kassetten mit Hörtexten
* einem Buch mit Übungen, dem Lösungsschlüssel sowie Transkriptionen der Hörtexte

Zum Thema „Hörverständnis"

Der Wortschatz der Hörtexte geht weit über das Gelernte hinaus, die Dialoge präsentieren *Alltagssprache in natürlichem Sprechtempo*. Eine systematische Ausbildung des Hörverstehns kann nur dann erfolgreich sein, wenn die Lerner – ähnlich wie in realen Situationen – von Anfang an mit Sprache konfrontiert werden, die über ihr aktives Sprachvermögen hinausgeht und auch für das Verständnis noch eine Herausforderung bietet. Auf der Grundlage von verstandenen Wörtern und Satzfetzen werden Hypothesen gebildet, die beim weiteren und wiederholten Hören überprüft und gegebenenfalls verändert werden können.

Anders als in realen Gesprächssituationen erhalten die Lerner jedoch durch den schriftlichen Übungsteil Hilfestellungen bei dem mühsamen Verstehensprozess. In **Hören Sie mal!** finden sich vielfältige Übungsformen zur Entwicklung von *Global- und Detailverständnis*.

Die abwechslungsreichen Aufgabenstellungen beziehen auch die Fertigkeiten *Lesen* und *Schreiben* mit ein.

Anspruchsvolle Hörtexte und vergleichsweise einfache Aufgaben zum Verständnis der Texte – diese Kombination entspricht den Anforderungen, die reale Situationen an Fremdsprachenlerner stellen: Auch dort sind sie einer Flut von redundanter Sprache ausgesetzt und müssen versuchen, je nach konkreter Situation den wesentlichen Inhalt oder einzelne Detailinformationen herauszufiltern.

Zur Arbeit mit „Hören Sie mal!"

Jede Lektion besteht aus vier Hörtexten mit den dazugehörigen Aufgaben. Sie isolieren einzelne Probleme und bieten Strukturen und Lexik in kommunikativ relevanten Situationen an.

Innerhalb des Aufgabenteils zu jedem Hörtext gibt es eine klare Progression: von allgemeinen Verständnishilfen zum Globalverständnis und/oder zur Detailsicherung über gelenkte Übungen zu einzelnen sprachlichen (grammatischen und lexikalischen) Schwierigkeiten bis hin zu relativ freien Schreibaufgaben, für die der Lösungsschlüssel nur einen Lösungsvorschlag geben kann.

Bei freien Schreibaufgaben ohne sprachliche Vorgaben wurde auf einen Lösungsvorschlag verzichtet.

Die Hörtexte können je nach grammatischen Schwerpunkten und/oder nach inhaltlichen Aspekten ausgewählt und bearbeitet werden.

Die Aufgaben sollten jedoch in der vorgeschlagenen Reihenfolge bearbeitet werden, da sie aufeinander aufbauen und häufig Rückbezüge auf vorangegangene Arbeitsschritte erfolgen.

Liebe Lernerin, lieber Lerner!

Eine Sprache zu lernen ist nicht leicht, und besonders schwierig ist dabei das Verstehen der fremden Sprache. **Hören Sie mal!** will Ihnen helfen, Deutsch zu lernen und besser zu verstehen. Die Hörtexte, die Sie hier bearbeiten werden, sind nicht einfach. Beim ersten Hören werden Sie vielleicht nur wenig verstehen. Lassen Sie sich dennoch nicht entmutigen! Folgen Sie den Anweisungen im Buch, und halten Sie die vorgeschlagene Reihenfolge von mehrmaligem Hören und Lösen der Aufgaben ein. Sie werden sehen, dass Sie mit dieser Hilfe – und viel Geduld! – auch schwierige Texte allmählich verstehen können. Mit Hilfe des *Lösungsschlüssels* und der geschriebenen *Hörtexte* am Ende des Buches können Sie Ihre Lösungen überprüfen.

Nachfolgend finden Sie die Erklärungen für die bei den Übungen verwendeten Symbole:

▶	*Hören Sie*	heißt	✳ Stellen Sie den Zähler Ihres Rekorders auf 000 ✳ Drücken Sie die START–Taste ✳ Hören Sie zu
◀◀	*Hören Sie noch einmal*	heißt	✳ Spulen Sie zurück auf 000 (= Textanfang) ✳ Hören Sie den Text noch einmal
✓	*Markieren Sie*	heißt	✳ Kreuzen Sie die richtige Lösung an ✳ Unterstreichen Sie die Wörter, die Sie hören ✳ Finden Sie die richtige Reihenfolge ✳ Kombinieren Sie Bilder mit Text, Personen mit Eigenschaften, usw.
✍	*Schreiben Sie*	heißt	✳ Ergänzen Sie einzelne Wörter ✳ Schreiben Sie Sätze oder auch längere Texte

Viel Spaß und Erfolg bei der Arbeit mit **Hören Sie mal!** wünschen Ihnen der Verlag und die Autoren!

Dear Student!

Learning a foreign language is a difficult task. For many students, understanding the new language presents particular problems. Hören Sie mal! will help you learn to understand spoken German. The listening texts you are going to work on are not easy, and the first time you listen you may not understand very much of what you hear. Don't panic! By following the directions in the book and keeping to the suggested order of listening several times and then working on the different tasks, you will soon find that you are able to understand even the most difficult texts. There is a key to the exercises (= *Lösungsschlüssel*) and a tapescript (= *Hörtexte*) at the back of this book so that you can check your answers.

Here are the explanations for the symbols that are used in the exercises:

▶	*Hören Sie*	means	✳ Set the counter on your recorder at 000 ✳ Press the START button ✳ Listen to the text
◀◀	*Hören Sie noch einmal*	means	✳ Run the tape back to 000 (= beginning of the text) ✳ Listen again
✓	*Markieren Sie*	means	✳ Mark the correct answer ✳ Underline the words you hear ✳ Put things in the correct order ✳ Match pictures with text, people with characteristics, etc.
✍	*Schreiben Sie*	means	✳ Put in words and complete sentences ✳ Write sentences or paragraphs

We hope you'll enjoy **Hören Sie mal!**

Chère étudiante, cher étudiant!

Il n'est jamais facile d'apprendre une langue, mais il est particulièrement difficile de comprendre une langue étrangère. **Hören Sie mal!** veut vous aider à apprendre l'allemand et à mieux le comprendre. Les textes enregistrés sur lesquels vous allez travailler sont relativement difficiles. Il est probable qu'une première audition ne vous permettra de comprendre que peu de choses. Ne vous découragez surtout pas! Suivez les consignes du livre, respectez l'ordre proposé pour les différentes auditions et les exercices. Et vous verrez qu'ainsi – et avec beaucoup de patience – vous comprendrez peu à peu même les textes les plus difficiles. Vous pouvez vous contrôler à l'aide de la clé (= *Lösungsschlüssel*) et du texte des enregistrements (= *Hörtexte*) en fin de volume.

Vous trouverez les symboles suivants dans le texte:

▶	*Hören Sie*	veut dire	✳ Mettez le compteur de votre lecteur de cassette sur zéro
			✳ Appuyez sur la touche LECTURE
			✳ Ecoutez
◀◀	*Hören Sie noch einmal*	veut dire	✳ Retournez à zéro (= au début du texte)
			✳ Ecoutez le texte encore une fois
✓	*Markieren Sie*	veut dire	✳ Cochez la bonne réponse
			✳ Soulignez les mots que vous entendez
			✳ Trouvez l'ordre correct
			✳ Cochez les images qui vont avec le texte, les personnes qui vont avec les qualités, etc.
✍	*Schreiben Sie*	veut dire	✳ Complétez
			✳ Ecrivez des phrases ou des textes plus longs

Auteurs et maison d'édition vous souhaitent un travail agréable et beaucoup de succès avec **Hören Sie mal!**

Estimado estudiante!

Aprender una lengua no es fácil, y especialmente difícil, para ello, es la comprensión de los idiomas extranjeros. **Hören Sie mal!** quiere ayudarle a aprender alemán, y a comprenderlo mejor. Los textos para escuchar que Ud. deberá trabajar, no son fáciles. La primera vez que los oiga va Ud., probablemente, a comprender sólo un poco. De todos modos no se desanime! Siga Ud. las indicaciones del libro, y mantenga el orden previsto de escuchar y solucionar los trabajos las veces indicadas. Ud. verá que con esta ayuda – y mucha paciencia – llegará también a comprender textos difíciles. Con la ayuda de los soluciones (= *Lösungsschlüssel*) y de los temas para escuchar (= *Hörtexte*) al final del libro puede Ud. comprobar sus respuestas.

A continuación encontrará Ud. la aclaración a los simbolos utilizados para los ejercicios.

▶	*Hören Sie*	quiere decir	✳ Ponga Ud. el contador de su reproductor a 000
			✳ Apriete Ud. la tecla START
			✳ Escuche Ud.
◀◀	*Hören Sie noch einmal*	quiere decir	✳ Rebobine Ud. hasta 000 (= principio de texto)
			✳ Escuche Ud. el texto otra vez
✓	*Markieren Sie*	quiere decir	✳ Marque Ud. la solución correcta
			✳ Subraye Ud. las palabras que escuche
			✳ Busque Ud. la secuencia correcta
			✳ Combine Ud. imagenes con texto, personas con cualidades, etc.
✍	*Schreiben Sie*	quiere decir	✳ Una Ud. palabras sueltas
			✳ Escriba Ud. frases o textos más largos

Los autores y la editorial de **Hören Sie mal!** le desean mucho éxito en su estudio!

Cari studenti!

Imparare una lingua non è facile ed è particolarmente difficile capire quello che dice la gente. **Hören Sie mal!** vuole aiutarvi ad imparare il tedesco e a capirlo meglio. I testi per la comprensione auditiva che vi proponiamo in questo volume non sono facili. Al primo ascolto probabilmente riuscirete a capire ben poco. Ma non scoraggiatevi! Seguite le istruzioni del libro e attenetevi al procedimento da noi proposto (alternanza di diversi ascolti ed esercizi). Vi accorgerete che con questo procedimento – e con una buona dose di pazienza – riuscirete a capire man mano anche testi abbastanza difficili. La chiave degli esercizi (= Lösungsschlüssel) e la trascrizione dei testi registrati (= Hörtexte) che si trovano alla fine del libro vi permetteranno poi di verificare i vostri risultati.

I simboli riportati nel libro hanno il seguente significato:

▶	*Hören Sie*	vuol dire	✳ Portare il contanastro del registratore a 000
			✳ Premere il tasto START
			✳ Ascoltare
◀◀	*Hören Sie noch einmal*	vuol dire	✳ Riavvolgere a 000 (= inizio del testo)
			✳ Riascoltare il testo
✓	*Markieren Sie*	vuol dire	✳ Mettere una croce nella casella appropriata
			✳ Sottolineare le parole riconosciute
			✳ Mettere nel ordine richiesto
			✳ Collegare illustrazioni con dei testi, persone con delle caratteristiche, ecc.
✎	*Schreiben Sie*	vuol dire	✳ Completare con singole parole
			✳ Scrivere delle frasi oppure testi più lunghi

La casa editrice e gli autori vi augurano buona fortuna e buon divertimento con **Hören Sie mal!**

Lektion 1

1. Der große Blonde mit den schwarzen Schuhen

a) *Hören Sie.*
Auf welche Stelle bewerben sich Herr Schön und Herr Blass? Markieren Sie.

☐ 1 Verkäufer für Bademoden

☐ 2 Model für Mode-Fotos

☐ 3 Surf-Lehrer

b) *Hören Sie noch einmal.*
Welche Eigenschaften werden genannt? Unterstreichen Sie.

dumm   gemütlich   sympathisch   nett   lustig   langweilig   langhaarig   dick
kurze Beine   traurig   attraktiv   rund   intelligent   gesund   nicht besonders groß
hübsch   freundlich   nervös   verrückt   interessant   sportlicher Typ   ehrlich   groß
schlank   tolerant   blond   modern   lange Beine   sieht gut aus   dezent   schön braun
klug   zu jung   schmal   wenig Erfahrung   hell   professioneller   billig   ruhig
einfach   angenehm   klein   dünn   häßlich   alt   bescheiden

c) *Hören Sie noch einmal.*
Was passt zu wem? Ergänzen Sie.

Herr Schön	Herr Blass
gemütlich	*hübsch*
nett	

d) *Die Entscheidung zwischen den Bewerbern ist schwer.*
Frau Wunder schreibt einen Brief an den Auftraggeber und bittet um Rat.
Ergänzen Sie, und achten Sie auf die richtige Form, also z.B.:

Herr Schön ist gemütlich.

Herr Schön ist **ein** gemütlich**er** Typ.

Herr Schön ist eher **der** gemütlich**e** Typ.

Suchen Sie **einen** gemütlich**en** Typ?

kurz   klein   attraktiv   professionell
interessant   gut   groß   schlank   blond   sportlich   nervös
professionell   ideal   attraktiv   nervös

Lug & Trug GmbH
Gesellschaft für Werbung & Kommunikation
Am Waldesrain 2
D-99999 Hintertupfingen

Bedidas AG
Sport- und Bademoden
Nikering 22-44
D-77007 Pumasens   Hintertupfingen, __. __. 199__

Models für neue Bademoden-Kollektion für Männer

Sehr geehrter Herr Plump,

unser Bademoden-Projekt kommt gut voran. Gestern haben wir Gespräche
mit zwei Bewerbern für die Fotos geführt, die beide als Models möglich
sind. Es handelt sich um zwei sehr verschiedene Typen: Herr Schön ist ein
eher *gemütlicher* Typ mit etwas 1 _____ Beinen.
Er ist ein bisschen 2 _____, aber insgesamt doch
3 _____. Er hat schon oft Modefotos gemacht und ist
ein 4 _____ Model.
Herr Blass ist ein 5 _____ Mann mit einer
6 _____ Figur. Er ist 7 _____ und
8 _____ und hat 9 _____ Haare – der
10 _____ Typ eben. Leider hat er nur wenig Erfahrung
und ist deshalb ziemlich 11 _____.
Welchen sollen wir nun nehmen: den 12 _____, aber nicht
so 13 _____ Herrn Schön oder einen 14 _____,
aber 15 _____ Anfänger? Bitte schreiben Sie uns bald, damit
sich unser Projekt nicht weiter verzögert.

Mit freundlichen Grüßen
Ellinor Wunder
(Art Director)

e) *Jetzt soll die Firma Lug & Trug auch noch weibliche Models für Fotos der neuen Bademoden finden. Diese drei Personen haben sich vorgestellt. Wählen Sie zwei Models aus, und schreiben Sie einen Brief an Herrn Plump.*

S. Peck, 24,
viel Erfahrung,
sehr professionell

G. Lang, 29,
interessant,
wenig Erfahrung

I. Deal, 20,
Anfängerin,
keine Erfahrung

2. Natürlich finde ich Mode interessant

a) Hören Sie.
Wann tragen Eduard und Claudia was? Markieren Sie.

Ⓐ

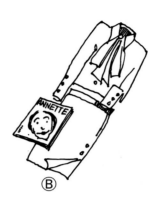
Ⓑ

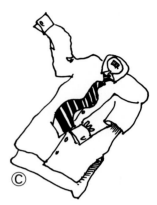
Ⓒ

Eduard bei besonderen Gelegenheiten _____

Eduard bei der Arbeit und in der Freizeit _____

Claudia bei der Arbeit _____

Claudia in der Freizeit _____

b) Hören Sie noch einmal.
Ordnen Sie die Aussagen und markieren Sie.

☐ a) Aber ich kaufe nicht alles, nur weil es gerade Mode ist.
Zum Beispiel Bermuda-Shorts, die finde ich schrecklich.

☐ b) Meistens trage ich helle Sachen. Aber Schwarz mag ich auch gern.

☐ c) Natürlich finde ich Mode interessant.

☐ d) Ich kaufe gerne Sachen, die ich lange anziehen kann – und die dürfen
dann auch teuer sein.

☑ e) Der Lippenstift passt zum Nagellack und zur Bluse, und die Handtasche
zu den Schuhen und zum Gürtel – du siehst immer aus wie so ein Mannequin.

☐ f) Wenn ich zur Arbeit gehe, ziehe ich schon schicke Sachen an.

c) Eine Reporterin der „Annette" hat mit Claudia ein Interview gemacht und
in einer Reportage über „Frauen und Mode" folgendes geschrieben:

... und in ihrem roten Kostüm sieht Beate T. aus wie ein Mannequin.
Nicht für alle Frauen ist Mode wichtig: „Mode interessiert mich nicht", meint Claudia
H., 34 Jahre und Lehrerin in Frankfurt. Sie trägt nur sportliche Sachen – Jeans, Pull-
over, T-Shirts, im Sommer auch Bermuda-Shorts – egal ob bei der Arbeit oder in der
Freizeit. Sie liebt dunkle Farben – besonders Schwarz. Lippenstift und Nagellack sind
ihr nicht wichtig. Modische Sachen kauft sie nicht – die sind ihr viel zu teuer.
Die 22 Jahre alte Andrea F. aus Köln investiert viel Geld in modische Kleidung –
manchmal fast ihr halbes Monatsgehalt. ...

Stimmt das? Schreiben Sie den Text richtig.

3. Und wie erkenne ich Sie?

a) *Lesen Sie diese Kontaktanzeigen.*
Dann hören Sie und markieren Sie.
Welche Anzeige hat Frau Stapler für das Wochenmagazin (WOM) geschrieben?

☐ Anzeige 2

Attraktive Mittvierzigerin, blond, schlank, Witwe, sympathisch und tolerant, sucht netten, liebevollen, intelligenten Partner für gemeinsame Unternehmungen. Zuschriften unter Chiffre ZF751 1050

☐ Anzeige 1

Einsame Frau Mitte 40, sparsam, bescheiden und treu, sucht offenen und ehrlichen Mann für gemütliche Stunden zu Hause. Spätere Heirat erwünscht. Nur ernstgemeinte Zuschriften erbeten unter Chiffre ZF571 1978

☐ Anzeige 3

Alleinstehende Dame Anfang 50, sportlich und gut aussehend, tolerant, interessiert an Kunst und Kultur, sucht Partner für ausgedehnte Wanderungen, Theaterbesuche u.ä. Tel. 071 / 4329 täglich 19-21 Uhr

b) *Hören Sie noch einmal.*
   Was passt zu wem? Markieren Sie.

	Herr Hoch	Frau Stapler
1 Anzeige im WOM		*x*
2 einen Brief schreiben	*x*	
3 ins Theater oder Kino gehen		
4 fernsehen		
5 sonntags wandern		
6 ein kleiner Spaziergang		
7 hausgemachter Apfelkuchen		
8 ins Café gehen		
9 gemütlich zu Hause sitzen		
10 große Familie		
11 nie verheiratet		
12 viel Zeit		
13 Operncafé		
14 braune Haare		
15 über 50 Jahre alt		
16 gelbes Kleid und dunkelblauer Hut		
17 brauner Anzug, Hemd und Krawatte		
18 eine Zeitung unterm Arm		
19 sparsam		

c) *Was machen Herr Hoch und Frau Stapler gerne? Passen sie zueinander?*
   Schreiben Sie.

Frau Stapler geht gerne _____

Herr Hoch _____

_____

_____

_____

Herr Hoch und Frau Stapler treffen sich zum ersten Mal.
Wie können sie sich erkennen? Wie sehen die beiden aus?
Was tragen sie? Schreiben Sie.

_____

_____

_____

_____

_____

_____

d) In Kontaktanzeigen schreiben die Leute nicht immer offen und ehrlich,
wie sie wirklich sind und was sie mögen. Was können diese Wörter heißen?
Markieren Sie.

1 attraktiv	a) langweilig
2 schlank	b) geht nicht gerne aus
3 sportlich	c) sehr dünn oder auch etwas dick
4 sparsam	d) nicht hässlich, aber auch nicht schön
5 jung	e) einsam
6 allein stehend	f) schaut gerne Fußball im Fernsehen
7 ruhig	g) sitzt immer zu Hause
8 gemütlich	h) noch im Beruf

1 _____   2 _____   3 _____   4 _____   5 _____   6 _____   7 _____   8 _____

e) Sie wollen einen Partner / eine Partnerin kennen lernen.
Schreiben Sie eine Kontaktanzeige.

_____

_____

_____

_____

_____

_____

_____

4. Meiers gehen ins Theater

a) Hören Sie.
Wer ist wer? Ergänzen Sie die Namen.

Helga
Emma
Boris
Willi
Oskar
Anna

3 _____

6 _____

1 _____

2 _____

5 _____

4 _____

b) Hören Sie noch einmal.
Was ist richtig? Markieren Sie.

1 Meiers sind
☐ a) im Theater.
☐ b) beim Anziehen.
☐ c) zu Besuch bei Emma.

2 Willi trägt
☐ a) eine weiße Krawatte mit blauen Tupfen.
☐ b) eine blaue Krawatte mit weißen Tupfen.
☐ c) eine grüne Krawatte.

3 Emma ruft an. Sie will
☐ a) ins Theater mitgehen.
☐ b) sich mit Anna treffen.
☐ c) sich mit Helga verabreden.

4 Das Baby schreit, weil
☐ a) die Eltern weggehen.
☐ b) es müde ist und Hunger hat.
☐ c) der Hund bellt.

5 Der Hund bellt, weil
☐ a) er Hunger hat.
☐ b) es geklingelt hat.
☐ c) er spazieren gehen will.

6 Helga trägt das grüne Kleid. Das schwarze Kleid
☐ a) passt ihr nicht mehr.
☐ b) ist nicht elegant genug.
☐ c) hat lange Arme.

7 Meiers bleiben zu Hause, denn sie haben
☐ a) keine Karten für das Theater.
☐ b) keinen Babysitter.
☐ c) kein Taxi bekommen.

✓

c) *Was heißt das hier?*
Markieren Sie.

1 Die hat uns jetzt gerade
noch gefehlt!
☐ a) Die brauchen wir dringend.
☐ b) Die ruft im falschen Moment an.

2 Auch nicht das Gelbe vom Ei.
☐ a) Die Krawatte ist nicht gelb.
☐ b) Die Krawatte gefällt ihm
nicht sehr gut.

3 Sonst hab' ich ja nichts Gescheites
fürs Theater.
☐ a) Sie hat sonst kein passendes
Kleid.
☐ b) Sie will sonst nicht ins Theater
gehen.

4 Der bellt ja wie verrückt.
☐ a) Der Hund bellt, weil er dumm
ist.
☐ b) Der Hund bellt lange und laut.

5 Also das ist doch wohl die Höhe!
☐ a) Was Du sagst, stimmt nicht.
☐ b) Was Du sagst, ist sehr
intelligent.

1. Deutsch allein ist ja schon schlimm genug ...

a) Hören Sie.
Wo sind die Leute? Markieren Sie.

☐ 1 Im Restaurant

☐ 2 Bei der Polizei

☐ 3 Beim Arzt

☐ 4 Auf dem Arbeitsamt

☐ 5 Bei der Ausländer-
behörde

b) Hören Sie noch einmal.
Was sagt Frau Wünsche? Ergänzen Sie.

wollte   konnte   sollte   durfte   musste

1 Ich _____ immer Lehrerin werden.

2 Ich _____ das nicht.

3 Ich _____ das Geschäft übernehmen.

4 Dann _____ ich studieren.

5 Ich _____ noch nie etwas verkaufen.

6 Als Kind _____ ich immer im Geschäft helfen.

c) Lesen Sie den folgenden Text.

Frau Wünsche geht zum Arbeitsamt, obwohl sie keine Arbeit sucht. Sie ist Gymna-
siallehrerin für Mathematik und Englisch. Sie hat gute Noten, deshalb findet sie keine
Stelle. Sie wollte eigentlich nie Lehrerin werden, obwohl ihr Vater das wollte.
Trotzdem machte sie zunächst eine Lehre, musste aber später studieren. Obwohl sie
jetzt Lehrerin ist, will sie nicht als Lehrerin arbeiten. Sie möchte eine Umschulung machen, denn sie findet Computer interessant. Sie will keine Versicherungen verkaufen,
obwohl sie das gut kann. Sie muss Berufsberaterin werden, obwohl sie das nicht will.

Stimmt das? Hören Sie noch einmal, und schreiben Sie den Text richtig.
Achten Sie dabei besonders auf diese Wörter:

weil denn   obwohl aber
    deshalb   trotzdem
        wenn

Frau Wünsche geht zum Arbeitsamt, weil sie eine Arbeit sucht. Sie ist

Realschullehrerin für Deutsch und Geschichte. Sie

_____

_____

_____

_____

_____

_____

_____

_____

_____

_____

_____

☑

d) Was heißt das?
Markieren Sie.

1 Mit Computern und EDV habe ich nichts am Hut.
☐ a) Am Computer trage ich keinen Hut.
☐ b) Computer und EDV mag ich nicht.

2 Als Lehrerin arbeiten, das war schon immer mein Traum.
☐ a) Lehrerinnen träumen viel.
☐ b) Sie wollte immer gerne als Lehrerin arbeiten.

3 Da können Sie sich nicht auf Lehrer versteifen.
☐ a) Sie sollten sich auch für andere Berufe interessieren.
☐ b) Lehrer sind auch nur Menschen.

4 Wichtig ist vor allem Fingerspitzengefühl.
☐ a) Wichtig sind Einfühlungsvermögen und Sensibilität.
☐ b) Man muss gut mit den Fingern arbeiten können.

2. Du kannst doch Karriere machen!

▶ ✓ *a) Hören Sie und markieren Sie.*
Was passt zu wem?

1 ist Diplomsoziologin
2 will Soziologie studieren
3 ist Bankkauffrau
4 will bei einer Bank arbeiten

Jutta _____   Gabi _____

◀◀ ✓ *b) Hören Sie noch einmal.*
*Was passt zu wem? Markieren Sie die Namen (Jutta=**J**, Gabi=**G**).*

_____ 1 hat studiert.
_____ 2 will studieren.
_____ 3 hat Mittlere Reife.
_____ 4 hat Abitur.
_____ 5 ist 13 Jahre zur Schule gegangen.
_____ 6 will Abitur machen.
_____ 7 geht aufs Abendgymnasium.
_____ 8 hat sechs Jahre studiert.
_____ 9 hat eine Lehre gemacht.
_____ 10 ist arbeitslos.
_____ 11 hat ein Diplom.

_____ 12 arbeitet in der Devisenabteilung.
_____ 13 will ein Trainee-Programm machen.
_____ 14 schreibt jetzt eine Doktorarbeit
_____ 15 verdient gut.
_____ 16 will gut verdienen.
_____ 17 will bei einer Bank arbeiten.
_____ 18 findet Soziologie interessant.
_____ 19 findet die Arbeit bei der Bank langweilig.
_____ 20 will bei der Bank Schluss machen.

c) *Machen Sie aus zwei Sätzen von Übung b) einen Satz.*
   Verbinden Sie die Sätze mit diesen Wörtern:

   aber   weil   deshalb   dann   obwohl   und

   Jutta ist arbeitslos und schreibt jetzt eine Doktorarbeit. Sie will gut

   verdienen, deshalb _____

   _____

   _____

   _____

   _____

   _____

   _____

d) *Gabi schreibt einer Freundin über das Gespräch mit Jutta.*
   Schreiben Sie diesen Brief für Gabi zu Ende. Wichtig sind folgende Punkte:

   ● *Juttas Beruf und Ausbildung*
   ● *was Jutta machen will, und warum*
   ● *Gabis Beruf und Ausbildung*
   ● *was Gabi machen will, und warum*

   Bankfurt, den

   Liebe Karin,
   Du weißt ja, dass ich aufs Abendgymnasium gehe und Abitur
   machen will. Gestern habe ich auf einer Party eine interessante
   Frau kennen gelernt. Sie heißt Jutta, und

3. Karriere machen bei uns nur Frauen!

a) Hören Sie.
Worüber sprechen Jens Schneider und Uwe Berger? Markieren Sie.

☐ 1 Bewerbung
☐ 2 Schulzeit
☐ 3 Arbeitszeit
☐ 4 Arbeitsort
☐ 5 Sprachkenntnisse

☐ 6 Karrierechancen
☐ 7 Gehalt
☐ 8 Arbeit als Assistent
☐ 9 Kantine
☐ 10 Zusammenarbeit mit der Chefin

b) Hören Sie noch einmal.
Was passt zu wem? Markieren Sie die Namen (Jens = **J**, Uwe = **U**).

_____ 1 arbeitet bei der Firma Compi KG.

_____ 2 hat sich als Direktionsassistent beworben.

_____ 3 will Tips für das Bewerbungsgespräch haben.

_____ 4 kennt die Verkaufsdirektorin Frau Dr. Stark.

_____ 5 hat keine Probleme mit Stress und viel Arbeit.

_____ 6 will Karriere machen.

_____ 7 arbeitet gerne selbständig.

_____ 8 geht zum Bewerbungsgespräch.

c) Wie sieht der ideale Assistent für die Verkaufsdirektorin Frau Dr. Stark aus?
Markieren Sie (gut = **+**, nicht gut = **–**).

_____ 1 Überstunden machen
_____ 2 Karriere machen
_____ 3 Termine machen
_____ 4 Verträge vorbereiten

_____ 5 dynamische Persönlichkeit
_____ 6 Gespräche mit Kunden führen
_____ 7 selbständig arbeiten
_____ 8 Entscheidungen treffen

Jetzt schreiben Sie.

Der ideale Assistent für Frau Dr.Stark soll eine dynamische Persönlichkeit sein. Er muss oft

d) Was passt zusammen?
Markieren Sie.

1 Tips geben
2 Bescheid wissen
3 Überstunden machen
4 Aufstiegsmöglichkeiten
5 das klingt alles nicht uninteressant
6 sie hat das letzte Wort
7 das klappt bestimmt nicht
8 es hat keine Eile

a) im Beruf vorwärts kommen
b) sie bestimmt, was gemacht wird
c) abends und samstags arbeiten
d) das geht sicher nicht
e) Informationen und Ratschläge geben
f) es ist nicht so dringend
g) das ist vielleicht interessant
h) Informationen haben

1 _____ 2 _____ 3 _____ 4 _____ 5 _____ 6 _____ 7 _____ 8 _____

4. Tendenz weiter fallend

   a) Welches Bild passt zu wem?
Markieren Sie.

Jörg: Bild _____   Birgit: Bild _____

   b) Hören Sie noch einmal.
Wann und wo sind die Messen? Ergänzen Sie.

1	BIJOUTEX	*München*	*5.–7. Januar*
2	PRECIOSA		11.–13. Januar
3	ONLINE		
4			17.–19. Februar
5	IGEDO		10.–
6	CEBIT		–20. März
7	MODE-WOCHE		
8	PELZMESSE		10.–14. April
9	NOBA		Ende
10	COMPUTER-SCHAU		Mitte

c) Hören Sie noch einmal.
Wer fährt auf welche Messe?
*Markieren Sie bei Übung b) (Jörg = **J**, Birgit = **B**).*

d) *Jetzt schreiben Sie, wer wann wohin fährt.*

Jörg fährt vom 5. bis zum 7. Januar nach München zur

'Bijoutex' und vom 11. bis zum

Lektion 3

1. Prost Neujahr!

a) *Hören Sie.*
Welches Bild passt zu welchem Dialog? Markieren Sie.

1 _____ 2 _____ 3 _____

b) *Hören Sie noch einmal.*
Wer hat an Silvester was gemacht? Ergänzen Sie.

zu Hause feiern   mit Freunden feiern   gut essen   Sekt trinken
Streit bekommen   fernsehen   über Probleme diskutieren   groß ausgehen
sich über den Krach aufregen   tanzen   Feuerwerk machen
sich über den Service ärgern

1 Eva und Hans   *zu Hause feiern.* _____

_____

2 Herr und Frau Sauer   _____

_____

3 Familie Fröhlich   _____

_____

4 Herr und Frau Lehmann _____

_____

c) *Jetzt schreiben Sie Sätze.*

1 *Hans und Eva haben zu Hause gefeiert. Sie haben* _____

_____

2 _____

_____

_____

_____

3 _____

_____

4 _____

_____

 d) *Frau Fröhlich schreibt einen Brief an Ihre Freundin Lydia.*
Ergänzen Sie.

über   nach   auf   für   gegen   an   darüber   danach ...

… Silvester haben wir mit Klaus und Inge gefeiert. Es war sehr lustig.

Um Mitternacht haben wir ein bisschen Feuerwerk auf dem Balkon gemacht,

1 _____ haben sich die Kinder schon seit Wochen sehr gefreut.

Nur die Frau Sauer hat sich 2 _____ aufgeregt und sich bei

mir 3 _____ den Krach beschwert. 4 _____

habe ich mich sehr geärgert, aber zum Glück kann sie an Silvester nichts

5 _____ machen.

Du fragst 6 _____ unseren neuen Nachbarn, dem jungen

Pärchen Eva und Hans Baumann. Sie sind sehr nett und interessieren sich auch

7 _____ Tischtennis. Wir spielen oft zusammen und tun so etwas

8 _____ unsere Gesundheit. Aber sie können sich nicht normal

unterhalten: Egal, worüber sie sprechen, sie bekommen Streit. Sie diskutieren

immer 9 _____ ihre Probleme, aber es ändert sich nichts.

Es fällt mir schwer, mich 10 _____ zu gewöhnen.

So, das wär's für heute, schreib' mal wieder, ich warte 11 _____

deine Antwort. Liebe Grüße, auch an die Familie,

deine Luise

---

2. Wachen Sie auf, Mann!

a) *Hören Sie.*
Wo sind diese Leute? Markieren Sie.

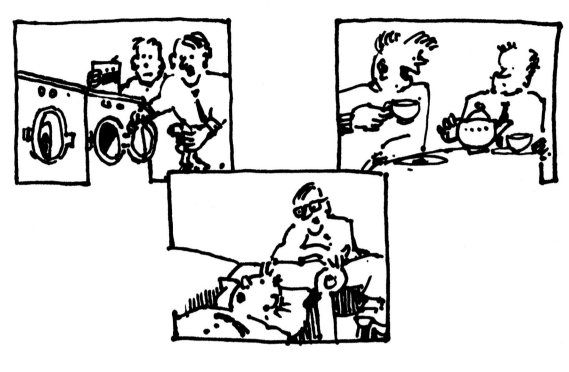

☐ 1 im Waschsalon   ☐ 2 beim Psychiater   ☐ 3 beim Teetrinken

b) *Hören Sie noch einmal.*
Lesen Sie die Sätze. Wer sagt was? Ordnen Sie, und markieren Sie die Namen
*(Schwatzer = **S**, Winzig = **W**).*

_____ _____   a) Sie wollen wirklich, dass Ihre Mutter Fräulein Sittsam kennen lernt?

__1__ __S__   b) Haben Sie etwas Aktuelles?

_____ _____   c) Sie sind der Sohn Ihrer Mutter, nicht ihr Liebhaber!

_____ _____   d) Ich habe ihr von Fräulein Sittsam erzählt.

_____ _____   e) Jetzt mag sie mich wieder.

_____ _____   f) Ich will Mama doch nicht verlieren!

_____ _____   g) Sie müssen sich von Ihrer Mutter lösen.

_____ _____   h) Sie sind ja der Experte.

_____ _____   i) Das war wirklich nicht nett von Mama, so über mich zu sprechen.

_____ _____   j) Das ist der richtige Weg.

_____ _____   k) Ich wollte doch nicht gestört werden.

_____ _____   l) Sie darf jetzt meine Hemden wieder waschen.

_____ _____   m) Sie müssen die Dinge realistisch sehen.

_____ _____   n) Sehen Sie, Sie können Ihrer Mutter nicht trauen.

c) *Hören Sie noch einmal und ergänzen Sie.*

dürfte(n)   müsste(n)   könnte(n)   sollte(n)

1 Wir _____ auch noch einmal auf die schwierige Beziehung zu Ihrer Frau Mutter zurückkommen.

2 Diese Entscheidung _____ Sie treffen.

3 Aber mit Mama _____ wieder alles in Ordnung sein.

4 _____ Sie mir mehr darüber erzählen?

5 Das _____ aber wieder Krach geben.

6 So _____ Sie weitermachen.

7 Ja, ja, schon, da _____ Sie Recht haben.

d) *Was heißen diese Wörter in den Sätzen bei c)?*
Markieren Sie.

	könnte(n)	sollte(n)	dürfte(n)	müsste(n)
Rat („Machen Sie das, es ist eine richtige Entscheidung.")		*6*		
Vorschlag („Wir können das machen, es ist eine von mehreren Möglichkeiten.")				
Aufforderung („Machen Sie das, ich bitte Sie darum.")				
Vermutung („Ich glaube es, aber ich weiß es nicht genau.")				

3. Ohne „Sportschau", da würde mir was fehlen

a) Hören Sie.
Welche Sendungen werden genannt? Markieren Sie.

Nächste Woche

Programm-
Vorschau

vom 1. – 7. September

Samstag 1.9.

— **ARD** —

18.15 Sportschau
Fußball-Bundesliga,
4. Spieltag
20.15 Flitterabend
Spiele für Braut-
paare
Mit Michael Schanze
22.15 Kalte Hölle
US-Spielfilm von
1986
22.30 Tagesthemen
**23.50 Schüsse peit-
schen durch die
Nacht**
US-Spielfilm von
1956

— **ZDF** —

19.30 Die Pyramide
Spiel
**20.15 Haie und
kleine Fische**
Dt. Spielfilm von
1957. Mit Hansjörg
Felmy, Sabine Beth-
mann,Wolfgang
Preiss, Mady Rahl,
Heinz Engelmann.
Regie: Frank Wisbar
**23.35 Die Faust des
Drachen.** Spielfilm,
Hongkong, 1973
Mit Bruce Lee,
Nora Miao
Regie: Bruce Lee

Sonntag 2.9.

— **ARD** —

18.40 Lindenstraße
**20.15 Alles
Paletti (8)**
Letzte Folge der
Serie
21.00 Tatort
Heute: Schimanskis
Waffe
Mit Götz George,
Eberhard Feik,
Chiem van
Houweninge,
Nina Petri u. a.
22.30 Tagesthemen
**23.00 Die bleierne
Zeit**
Dt. Spielfilm von
1981.
Mit Jutta Lampe,
B. Sukowa

— **ZDF** —

**19.30 Abenteuer und
Legenden**
D. Kronzucker:
Brasilien
**20.15 Die Gold-
sucher von
Arkansas**
Dt.-ital.-franz.
Spielf. von 1964.
Mit Brad Harris,
Mario Adorf,
Dieter Borsche,
Marianne Hoppe
u. a.
**23.10 Die Klage der
Kaiserin.** Film v.
P. Bausch. Mit dem
Wuppertaler Tanz-
theater

Montag 3.9.

— **ARD** —

**20.15 Mutter Gräbert
macht Theater**
Singspiel v. Curth
Flatow. Mit Edith
Hancke
22.30 Tagesthemen
23.00 ARD-Sport extra
Internat. Tennis-
Meisterschaften der
USA. Ausschnitte
23.30 Beckett-Spiele

— **ZDF** —

19.30 Die Zeugin
Fernsehfilm mit
Babett Arens,
Horst Günther Marx
Regie: Michael Lähn
**23.10 Leb wohl,
Joseph**
Fernsehfilm von
Andreas Kleinert.
Mit P. Prager

Dienstag 4.9.

— **ARD** —

20.15 Dingsda. Quiz
21.00 Report
Mit Franz Alt
21.45 Magnum
Krimiserie
22.30 Tagesthemen
23.00 ARD-Sport extra
Internat. Tennis-
Meisterschaften
der USA
23.30 Bücherjournal

— **ZDF** —

19.30 Stadt in Angst
Bericht über Los
Angeles
**20.15 Das zweite
Leben.** Georges-
Simenon-Verfilmg.
**22.40 Jenseits der
Grenze**
Walter Benjamin

Mittwoch 5.9.

— **ARD** —

**20.15 Im Jahr der
Schildkröte**
Film mit Heinz
Bennent, Karina
Fallenstein u. a.
22.30 Tagesthemen
23.00 ARD-Sport extra
Internat. Tennis-
Meisterschaften der
USA

— **ZDF** —

**17.50 DieSchwarz-
waldklinik**
19.30 Hitparade im ZDF
21.00 Der Nachtfalke
Mit G. Cole u. a.
22.10 Kind zu kaufen
In der Reihe ,Kontext'
22.40 Außer Atem
Franz. Spielfilm von
1959
Mit Jean Seberg u.a.

Donnerstag 6.9.

— **ARD** —

20.15 Pro & Contra
21.03 Scheibenwischer
Kabarett von
D. Hildebrandt
**21.50 Deutschland –
dein Mecklenburg**
Von Carl H. Ibe
22.30 Tagesthemen
23.00 ARD-Sport extra
Internat. Tennis-
Meisterschaften der
USA

— **ZDF** —

**19.30 Die Jörg-Knör-
Show.** Mit Günter
Strack u. a.
**20.00 Die bessere
Hälfte.** Spiel um
Menschenkenntnis
Mit N. Blüm u. a.
**23.30 Der Pfad des
Glücks ist breit**
Chin. Spielfilm,1983

Freitag 7.9.

— **ARD** —

**20.15 Der rasende
Gockel.** US-Spiel-
film von 1983
Mit Burt Reynolds
u. a.
22.30 Tagesthemen
mit Bericht aus Bonn
23.00 Golden Girls
**23.50 Audrey Rose –
das Mädchen aus
dem Jenseits**
Engl. Spielfilm von
1976

— **ZDF** —

**20.15 Aktenzeichen:
XY . . . ungelöst**
Mit E. Zimmermann
**22.50 Die Sport-
Reportage.** Fußball-
Bundesliga u. a.
**23.20 Eine zuviel im
Harem.** US-Spielfilm
von 1964. Mit Shir-
ley MacLaine u.a.

Höhepunkte im 3.
Hessen 3

Sa. 15.00 Sport 3 extra
20.00 Der Herbst der
Familie Kohayagawa
Japan. Spielfilm von
1961
So. 20.00 Der Krieg in
Skandinavien (2).
4tlg. Reihe
Mo. 21.45 Miami Vice.
23.30 Die Rockoper
„Tommy" von
The Who
Di. 20.00 Tatort. Krimi
22.30 Der Wasch-
salon. Amerikan.
Fernsehfilm
Mi. 22.15 Coogans gro-
ßer Bluff. US–
Spielfilm, 1968
Do. 20.00 In den Ker-
kern von Marokko.
US-Spielfilm 1954
Fr. 22.00 Zeil um Zehn.

b) *Was sind das für Sendungen?*
Ordnen Sie.

Politik	
Unterhaltung	
Serien	*Lindenstraße,*
Krimis	
gute Filme	
Sport	

c) *Hören Sie noch einmal.*
Wer schaut was wie oft? Ergänzen Sie die Sendungen.

	Heinrich	Susanne	Walter
immer regelmäßig jedes Mal	*Lindenstraße*		
meistens oft fast immer			
manchmal ab und zu			
selten kaum fast nie			

d) Jetzt schreiben Sie Sätze.
    Wer mag welche Art von Sendung? Und wer sieht welche Sendungen wie oft?

1 *Heinrich mag gerne Serien. Er schaut sich jedes Mal*

2 *Susanne*

3

e) Und Sie? Welche Art von Sendungen mögen Sie?
    Und wie oft sehen Sie welche Sendungen? Schreiben Sie.

4. Ich wäre gerne mal unser Hund

► ✓ *a) Wo sind die Kinder? Markieren Sie.*

☐ 1 Auf dem Spielplatz ☐ 2 Auf dem Fußball-
platz ☐ 3 Auf dem Schulhof

◄◄ ✓ *b) Was passt zu wem?*
Und was passt zusammen? Markieren Sie.

1 Hund
2 Vogel
3 Fußballmannschaft
4 Lehrerin
5 Mutter
6 Klingel

a) schlafen und fressen
b) lange aufbleiben und fernsehen
c) die Aufgaben kennen
d) ganz still sein
e) alle Tore schießen
f) überall hinfliegen
g) putzen, spülen, einkaufen
   und kochen
h) jeden Ball bekommen
i) nicht in die Schule gehen
j) keine Hausaufgaben machen
k) in den Süden ziehen

Paul *1* _____

Anna _____

Julia _____

1 *a* _____ 2 _____ 3 _____ 4 _____ 5 _____ 6 _____

c) Wer wäre gerne was? Und warum? Schreiben Sie.

1 *Paul wäre gerne ein Hund. Wenn er ein Hund wäre, könnte er*

und müsste nicht

Paul wäre auch gerne

2

3

d) Und was wären Sie gerne?
Was könnten / müssten / würden Sie dann machen bzw. nicht machen?
Schreiben Sie doch einmal über Ihre Träume.

1. Der Ökostar hat ein intelligentes Wäsche-Test-System

▶ ✓ a) *Hören Sie.*
Über welche Waschmaschinen sprechen die Leute? Markieren Sie.

☐ 1 Ökomat 210S mit
Wasser-Stop-System
☐ 2 Ökostar mit intelligentem
Wäsche-Test-System
☐ 3 Lavamax 2000
zum Sparpreis
☐ 4 Lavajet mit
Ein-Knopf-Vollautomatik
☐ 5 Öko-Jet mit
günstigen Verbrauchswerten

◀◀ ✍ b) *Im Prospekt werden die Waschmaschinen beschrieben.*
Welcher Text passt zu welcher Maschine? Hören Sie noch einmal, und ergänzen
Sie die Namen und die anderen fehlenden Angaben.

A _____

Für _____ kg Trockenwäsche. Preiswertes Gerät mit hoher Lebensdauer.
Mit Ein-Knopf-Vollautomatik und _____ Programmen, davon 2 Schonprogramme.
Schleuderleistung 500 Umdrehungen / Min. Im Normalprogramm ohne Vorwäsche
werden 102 l Wasser und 2,4 kWh Strom verbraucht. Laufzeit 90 Minuten.
Best.-Nr. 012.577   DM 849,–

B _____

Weltneuheit – Waschvollautomat mit Super-Komfort und sagenhaft niedrigen
Verbrauchswerten. Für 5 kg Trockenwäsche brauchen Sie nur 60 l Wasser und
1,7 kWh Strom bei nur _____ Minuten Laufzeit. Patentiertes Wäsche-Test-System
mit automatischer Programmwahl und insgesamt _____ Programmen.
Das Strom-Wasser-Stop-System garantiert höchste Sicherheit. Schleuderleistung
bis zu _____ Umdrehungen / Min.
Best.-Nr. 017.913   DM 1949,–

C _____

Ein Gerät mit guter Ausstattung, hervorragenden Leistungen und niedrigen
Verbrauchswerten. Für 5 kg Trockenwäsche werden im Normalprogramm nur
1,8 kWh Strom und 70 l Wasser verbraucht. Laufzeit _____ Minuten. 16 Programme,
davon 1 Spar-, 1 Kurz- und 1 Schonprogramm. Mit automatischem Strom-Wasser-
Stop-System. Schleuderleistung 1000 Umdrehungen / Min.
Best.-Nr. 015.498   DM _____ ,–

c) *Erwin und Erna können sich nicht entscheiden und lesen einen Testbericht,*
der die drei Waschmaschinen vergleicht. Ergänzen Sie.

Zum Vergleich stehen diesmal drei Waschmaschinen aus drei Geräte-Generationen.
Der **Lavamax** repräsentiert den 1 *ältesten* (alt) Stand der Technik.
Er hat die 2 _____ (hoch) Verbrauchswerte, die 3 _____
(lang) Laufzeit, die 4 _____ (wenig) Programme und die
5 _____ (niedrig) Schleuderleistung. Auch das Fassungsvermögen
ist mit 4kg Trockenwäsche 6 _____ (gering) als bei den beiden
anderen Testkandidaten. Dafür ist dieses insgesamt etwas veraltete Gerät die
7 _____ (preiswert) Waschmaschine unter den drei getesteten
Geräten. Das Testurteil „befriedigend" ist vor allem den hohen Verbrauchswerten
zuzuschreiben.
Eine 8 _____ (gut) Wahl treffen Sie mit dem Öko-Jet. Dieses Gerät
entspricht dem 9 _____ (jetzig) Stand der Technik. Es hat bedeutend
10 _____ (niedrig) Verbrauchswerte, eine 11 _____
(kurz) Laufzeit, mit 1000 Touren eine sehr viel 12 _____ (hoch)
Schleuderleistung und mit 5 kg ein 13 _____ (groß) Fassungsvermögen. Mit 16 Programmen bietet das Gerät weitaus 14 _____
(viel) Bedienungskomfort, natürlich auch zu einem 15 _____ (hoch)
Preis. Aufgrund des günstigen Preis-Leistungs-Verhältnisses lautet das Testurteil
„gut".
Eine noch 16 _____ (gut) Beurteilung, nämlich das Testurteil
„sehr gut", erhält der Ökostar, das 17 _____ (teuer), aber auch
18 _____ (sparsam) Gerät in unserem Test ...

d) *Schreiben Sie jetzt den Testbericht fertig.*

_____

_____

_____

_____

_____

_____

_____

_____

2. Unser Cityblitz garantiert Mobilität

a) *Hören Sie und markieren Sie.*
Welches Bild zeigt den Cityblitz?

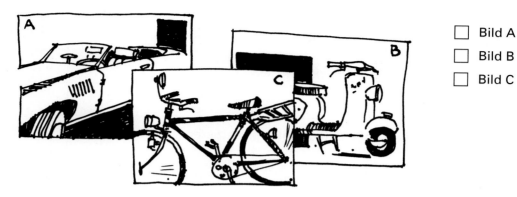

☐ Bild A

☐ Bild B

☐ Bild C

b) *Hören Sie noch einmal.*
Was hat der Cityblitz? Bitte unterstreichen Sie.

zwei Räder   Tank   Batterie   Karosserie   Reservereifen   Scheibenwischer
Platz für 4 Personen   Handbremse   Kofferraum   Fahrlicht   knapp 2 m lang
Bremslicht   geringes Gewicht   Rückspiegel   Motorleistung 70 PS   günstiger
Preis   schmaler Sitz

c) *Welche Sätze über den Cityblitz sind richtig, welche sind falsch?*
*Markieren Sie **ja** (=richtig) oder **nein** (=falsch).*

ja	nein	
		1 Mit dem Cityblitz kommt man in der Stadt schnell vorwärts.
		2 Der Cityblitz hat nur drei Räder, aber genug Platz für eine vierköpfige Familie.
		3 Der Cityblitz braucht wenig Platz, man hat keine Parkplatzprobleme.
		4 Der Cityblitz braucht eine Garage.
		5 Der Cityblitz braucht kein Benzin, die Höchstgeschwindigkeit bestimmt der Fahrer.
		6 Der Cityblitz hat eine moderne Karosserie und bequeme Sitze.
		7 Für die Sicherheit gibt es eine Fußbremse, eine Handbremse und zwei Bremslichter.
		8 Den Cityblitz kann jeder leicht selbst reparieren.

d) *In der Automobilzeitung „Auto-Report" soll ein Bericht über den Cityblitz erscheinen. Hier ist der Anfang des Artikels, bitte schreiben Sie weiter.*

Eine der Neuheiten der diesjährigen IAA ist der Cityblitz der Fa. Citymobil. Mit diesem Fahrzeug kommt man in der Stadt schnell vorwärts, denn

3. Zusammen wird Geld gespart

a) *Hören Sie und markieren Sie.
Wer macht was?*

	IDEA	andere Firma	Kunde
1 neue Möbel planen			
2 Möbel gründlich testen			
3 in hohen Stückzahlen produzieren			
4 in kleine Pakete packen			
5 in eigenen Möbelhäusern verkaufen			
6 Möbel aussuchen			
7 Möbel abholen und in die Wohnung transportieren			
8 Möbel montieren			

b) *Lesen Sie den folgenden Text.*

OPTIMO-Möbel – Möbel mit Stil

Seit Jahrzehnten vereinen OPTIMO-Möbel beste Qualität und zeitloses Design mit hoher Funktionalität. OPTIMO-Möbel werden von den besten Designern aus aller Welt geplant und in unserer Fabrik produziert. Dabei werden nur die besten und teuersten Materialien verwendet. Alle unsere Produkte werden in unserer Prüfabteilung gründlich getestet und dabei den verschiedensten Belastungen ausgesetzt. Solche Qualität hat natürlich ihren Preis, zumal wir nur in kleinen Stückzahlen produzieren. Unsere exclusiven Möbel werden nur in den besten Möbelhäusern verkauft. Die Möbel werden zum Kunden transportiert und dort fertig montiert. Alle unsere Möbel können bei Nichtgefallen innerhalb von 1 Woche zurückgegeben werden.

c) *Hören Sie noch einmal.*
Dann schreiben Sie einen ähnlichen Text über IDEA.

IDEA-Möbel – Maxi-Qualität zum Mini-Preis

IDEA bietet hohe Qualität zu niedrigen Preisen. IDEA-Möbel werden

... UND ZUSAMMEN WIRD GELD GESPART.

4. ...

a) *Hören Sie.*
   Welche Überschrift passt am besten zu dem Dialog? Markieren Sie.

☐ 1 Ein solcher Urlaub
     wird ganz schön teuer

☐ 2 Dann musst du halt
     mehr beim Haushalts-
     geld sparen!

☐ 3 Schließlich muss ich
     die Firma repräsentieren

☐ 4 Nur mit Suppe bist du
     ja auch nicht zufrieden

b) *Wofür wird wieviel Geld ausgegeben?*
   Ergänzen Sie.

Netto-Verdienst   DM 6000,–

monatliche Ausgaben

	DM	1950,–
Strom	DM	,–
	DM	150,–
Versicherungen	DM	,–
	DM	400,–
Körperpflege	DM	,–
	DM	150,–
Taschengeld Kinder	DM	,–
Vera	DM	,–
Herbert	DM	,–
Nahrungsmittel	DM	,–
	DM	500,–
gesamt	DM	5720,–
Ersparnis monatlich	DM	,–

c) Die Familie darf nicht soviel ausgeben und muss mehr sparen.
Wenn sie den teuren Urlaub machen will, muss sie in der nächsten Zeit monatlich
insgesamt DM 1000,– sparen. Aber manche Kosten sind feste Kosten: Bei Miete
und Versicherungen kann man nicht sparen. Machen Sie Vorschläge.

Wenn alle weniger telefonieren, können sie etwa DM 50,– monatlich

sparen. Wenn Vera in der nächsten Zeit

_____

_____

_____

_____

_____

_____

_____

_____

d) Im Deutschen gibt es viele zusammengesetzte Wörter, z.B. „Sommerurlaub"
(= Urlaub im Sommer) oder „Haushaltsgeld" (= Geld für den Haushalt).
Ergänzen Sie das passende Wort.

1 Preis für einen Flug _____

2 Konto bei einer Bank _____

3 Karte für Kredite (zum Einkaufen) _____

4 Beiträge für Versicherungen _____

5 Pflege für den Körper _____

6 Ersparnis bei den Kosten _____

Jetzt hören Sie noch einmal, und vergleichen Sie Ihre zusammengesetzten Wörter
mit dem Dialog.

1. Ich kenne kaum glückliche Ehen

▶ ✓   *a) Was passt zu wem?*
      Hören Sie und markieren Sie.

	Frau Kurz	Herr Malowski	Frau Lotschmann
verheiratet			
geschieden			
unverheiratet			
für die Ehe			
für die Ehe auf Zeit			
gegen die Ehe			

⏪ ✓

b) Hören Sie noch einmal, und lesen Sie die Sätze.
Wer sagt was? Ordnen Sie, und markieren Sie die Namen
(K = Frau Kurz, M = Herr Malowski, L = Frau Lotschmann).

____ ____ a) Oft hört halt die Liebe nach einiger Zeit auf.

____ ____ b) Aber man kann doch immer wieder miteinander reden.

____ ____ c) Und ein Ehe-Abo – das ist doch völliger Unsinn.

1 *K* d) Ich kenne kaum glückliche Ehen, die wirklich ein Leben lang halten.

____ ____ e) Ich kann mit einer Frau einfach nicht länger zusammen sein.

____ ____ f) Es doch nur natürlich, wenn man sich mal über den anderen ärgert oder mal einen Streit hat.

____ ____ g) Man sollte ehrlicher zu sich selbst und zum Partner sein!

____ ____ h) Ständig Streit haben, das ist mir viel zu anstrengend.

____ ____ i) Wir können alle Probleme gemeinsam lösen, wir müssen es nur ernsthaft versuchen.

____ ____ j) Ich lebe sehr gerne alleine, da kann ich machen, was ich will.

____ ____ k) Ich halte die Ehe für die natürlichste und menschlichste Lebensform.

____ ____ l) Wir sollten heiraten, so wie wir eine Zeitschrift abonnieren oder eine Wohnung mieten.

____ ____ m) Ich bin nicht für die Ehe, auch nicht für kurze Zeit.

c) Nach der Musik geht das Gespräch weiter.
Zur Einleitung der Diskussion wiederholt der Talkmaster noch einmal die wichtigsten Aussagen. Schreiben Sie auf, was er sagt.

sagen   meinen   glauben   finden   dafür(dagegen) sein, dass ...
(keine) Lust haben   es genießen   versuchen   dafür (dagegen) sein, (etwas) zu (tun)

So, meine Damen und Herren, zurück zu unserer Diskussionsrunde.
Wir haben drei verschiedene Meinungen über die Ehe gehört. Frau Kurz
ist selbst geschieden. Sie sagt, dass sie kaum glückliche Ehen kennt.
Sie ist dafür, ehrlicher zu sich selbst und zum Partner zu sein. ...

2. Lotte kommt nicht ohne Heinz!

a) *Hören Sie.*
Welcher Stammbaum zeigt
die Familie von Felicitas?
Markieren Sie.

☐ **A**

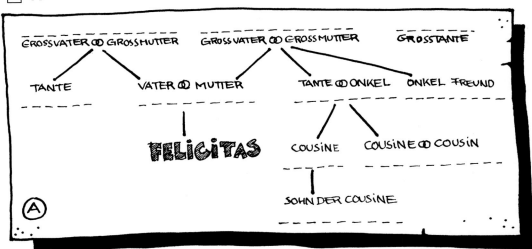

☐ **B**

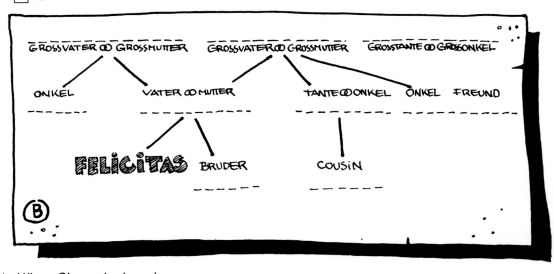

b) *Hören Sie noch einmal.*
Wer ist was? Ergänzen Sie die Namen im Stammbaum in a). Dann schreiben Sie.

Onkel   Tante   Neffe   Nichte   Enkel   Enkelin   Cousin   Cousine   Sohn   Tochter
Bruder   Schwester   Eltern   Vater   Mutter   Großeltern   Großvater   Großmutter
Großtante   Großonkel   Ehemann   Ehefrau

1 *Johanna und Kurt sind Großeltern von Felicitas. Sie sind die Eltern*

   ihres Vaters.

2 Konstantin und Lina _____

_____

3 Heide _____

_____

4 Marianne _____

_____

5 Petra _____

_____

6 Thomas _____

_____

7 _____

_____

8 _____

_____

c) *Hans hat eine kleinere Familie. Hier sind die Namen, Berufe, das Alter und der Stammbaum. Aber wer ist was? Schreiben Sie ein kleines Porträt der Familie Glück.*

† = tot   ∞ = verheiratet

d) *Und wie groß ist Ihre Familie? Wer ist was?*
   Zeichnen Sie einen Stammbaum, und schreiben Sie ein Porträt Ihrer Familie.

3. Du siehst doch, dass ich Zeitung lese

a) *Hören Sie.*
Wie finden Sie den Ton in den Dialogen 1 bis 3? Markieren Sie die passende Stelle
mit 1, 2 und 3.

höflich   aggressiv

|—––—|—––—|—––—|—––—|—––—|—––—|—––—|—––—|—––—|—––—|

b) *Hören Sie noch einmal.*
*Wer sagt was in welchem Dialog? Markieren Sie (**V** = Vater und **S** = Sohn)*
bei der Nummer des Dialogs.

		Dialog 1	Dialog 2	Dialog 3
a)	Du wolltest mir doch helfen, mein Fahrrad zu reparieren.	S	S	S
b)	Können wir das jetzt machen?			
c)	Max kommt nachher und holt mich zum Fahrrad-fahren ab.			
d)	Du siehst doch, dass ich Zeitung lese.			
e)	Oh Mann, Papa, jetzt hilf mir doch mal schnell.			
f)	Verdammt nochmal, kann man denn nicht mal sonntags in Ruhe die Zeitung lesen?			
g)	Bitte, du kannst doch nachher weiterlesen.			
h)	Max kommt doch gleich, und es dauert ja nicht lange.			
i)	Was ist denn überhaupt kaputt an deinem Fahrrad?			
j)	Wann können wir das denn machen?			
k)	Aber ich würde gerne nachher mit Max Fahrrad fahren.			
l)	Wann holt Max dich denn ab?			
m)	Nach dem Mittagessen, so gegen halb zwei.			
n)	Es ist doch nicht viel kaputt, oder?			

c) *Hören Sie noch einmal.*
   Wie ist der Ton der Sätze? Markieren Sie bei Übung b).

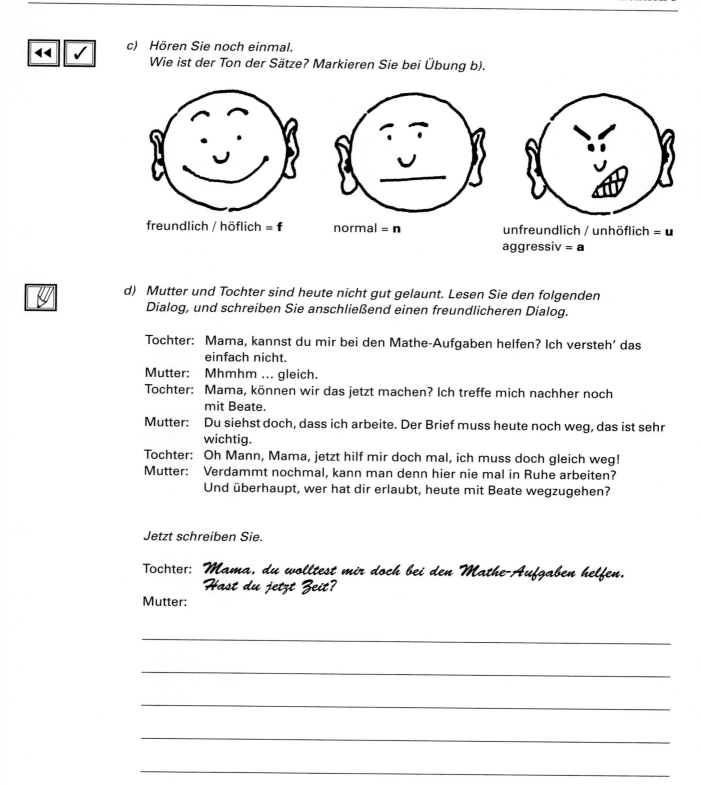

freundlich / höflich = **f**　　　normal = **n**　　　unfreundlich / unhöflich = **u**
　　　　　　　　　　　　　　　　　　　　　　　　　　aggressiv = **a**

d) *Mutter und Tochter sind heute nicht gut gelaunt. Lesen Sie den folgenden*
   Dialog, und schreiben Sie anschließend einen freundlicheren Dialog.

Tochter:　Mama, kannst du mir bei den Mathe-Aufgaben helfen? Ich versteh' das
　　　　　　einfach nicht.
Mutter:　Mhmhm … gleich.
Tochter:　Mama, können wir das jetzt machen? Ich treffe mich nachher noch
　　　　　　mit Beate.
Mutter:　Du siehst doch, dass ich arbeite. Der Brief muss heute noch weg, das ist sehr
　　　　　　wichtig.
Tochter:　Oh Mann, Mama, jetzt hilf mir doch mal, ich muss doch gleich weg!
Mutter:　Verdammt nochmal, kann man denn hier nie mal in Ruhe arbeiten?
　　　　　　Und überhaupt, wer hat dir erlaubt, heute mit Beate wegzugehen?

Jetzt schreiben Sie.

Tochter:　*Mama, du wolltest mir doch bei den Mathe-Aufgaben helfen.*
　　　　　　Hast du jetzt Zeit?
Mutter:

_____

_____

_____

_____

_____

_____

_____

_____

4. BeRnD und DieDeRich, die ungleichen Brüder

▶   ✓

a) *Hören Sie.*
Ordnen Sie die Bilder und markieren Sie.

1 _____ 2 _____ 3 _____ 4 _____ 5 _____ 6 _____ 7 _____

b) *Lesen Sie zuerst den folgenden Text, und ergänzen Sie die richtige Verbform.*

___1___ Die Brüder BeRnD und DieDeRich __hatten__ (haben) eine große
Firma, die ganz kaputt _____ (sein).

_____ Schließlich _____ (gehen) sie auf die Straße und
_____ (fordern) den Rücktritt der Geschäftsleitung.

_____ Bald _____ (kommen) es zum Streit, sie _____
(teilen) die Firma und _____ (gehen) auseinander.

_____ Er _____ (arbeiten) viel und _____ (werden)
bald reich. Alle Leute _____ (sprechen) von einem
„Wirtschaftswunder".

_____ Er _____ (versprechen) viel und _____
(erreichen) wenig, und bald _____ (glauben) ihm niemand
mehr.

_____ Immer mehr Leute _____ ihm _____
(weglaufen) und _____ (gehen) zu BeRnD.

_____ Er _____ (bauen) eine Mauer um seine Firma, damit niemand
mehr weglaufen _____ (können).

_____ DieDeRich _____ (wollen) vieles ändern, aber es
_____ (klappen) nicht so richtig.

_____ Es _____ (kommen), wie es kommen _____
(müssen): BeRnDs Firma _____ (übernehmen) DieDeRichs
Firma, und DieDeRich _____ (verschwinden) und wurde nie
mehr gesehen.

_____ Doch das _____ (helfen) nichts: Die Leute
_____ (müssen) jetzt zwar bleiben, _____
(werden) aber immer unzufriedener.

_____ BeRnD _____ (bekommen) den größeren Teil der Firma und
_____ (erhalten) Hilfe von seinen Freunden.

Jetzt hören Sie noch einmal.
Ordnen Sie und markieren Sie.

✓

c) *Sie haben es vielleicht schon gemerkt: die Geschichte der ungleichen Brüder BeRnD und DieDeRich ist die Geschichte der beiden deutschen Staaten – Bundesrepublik Deutschland (BRD) und Deutsche Demokratische Republik (DDR) – nach dem 2. Weltkrieg. Hier finden Sie einige Zeitungsüberschriften / Schlagzeilen aus den Jahren 1945-1991. Welche Schlagzeilen passen zu welchem Bild aus a)? Markieren Sie.*

③ Jubel in Berlin: Deutschland wiedervereint

① **Deutschland in Trümmern**

② **DDR gegründet – Teilung jetzt endgültig?**

④ Bedingungslose Kapitulation: Der zweite Weltkrieg ist zu Ende

⑤ **Ja zum Grundgesetz: Die Bundesrepublik erhält eine Verfassung**

⑥ *DDR riegelt Grenze ab*

⑨ *Fluchtversuch an der Mauer endete tödlich*

⑩ **Kohl gewinnt erste gesamtdeutsche Wahl**

⑪ **Trotz kleiner Erfolge: Plansoll nicht erreicht**

⑦ Wohlstandsgefälle zwischen Ost und West immer steiler

⑧ **Wirtschaftlicher Zusammenschluss des Ostblocks**

⑫ Wohlstandsspeck ist gefährlich: jeder vierte hat Übergewicht

⑬ **Honecker in Chile eingetroffen**

⑭ Verkaufsschlager in Japan: Mauerstücke mit Echtheitszertifikat

⑮ Leipziger Montagsdemonstranten fordern Rücktritt der Regierung

⑱ Deutscher Autoboom: PKW als Exportschlager

⑯ BRD eines der sechs EWG-Gründungsmitglieder

⑰ Leipzig: Der Ruf nach Einheit wird immer lauter

⑳ **Eine Mauer gegen den Flüchtlingsstrom**

⑲ Autoproduktion kann Bedarf nicht decken: Wartezeit auf Trabbi jetzt 10 Jahre

A _____ B _____ C _____ D _____

E _____ F _____ G _____

1. Anhaltend veränderlich

a) Hören Sie.
Was kommt im Wetterbericht vor? Unterstreichen Sie.

Azoren-Hoch   atlantisches Tief   Schlechtwetterfront

Schönwetterperiode   viel Sonne

kühle Meeresluft   die Sonne scheint   heiß

wolkig oder auch bedeckt   Wetterumschwung

Regenschauer und Wärmegewitter

Wetterlage   bewölkt und kühl

feucht, aber nicht nass   feuchtwarme Luft

Wetterbesserung   Eis und Schnee

langanhaltende Schlechtwetterperiode

Temperaturen zwischen 10 und 35 Grad

Tiefsttemperaturen nachts um 8 Grad

Bodenfrost   schwache bis stürmische Winde aus Nord

es schneit   meist klar   Frühnebel

die weiteren Aussichten   große Temperaturunterschiede

sonnig und trocken   regnerisch und kühl

schwankende Temperaturen   wechselnde Winde und Sturmböen

b) *Dies ist ein Wetterbericht aus der Zeitung. Schauen Sie auf die Wetterkarte,*
und ergänzen Sie die fehlenden Angaben mit Ausdrücken von a).

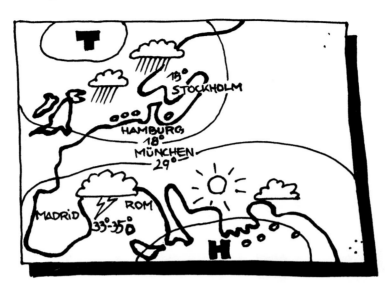

Wetterlage: Ein 1 _____ bestimmt weiterhin das Wetter

im Norden Europas und bringt 2 _____ nach Nord-

deutschland. Im übrigen Deutschland sorgt ein 3 _____

für die Fortdauer der gegenwärtigen 4 _____ .

Vorhersage: Im Norden 5 _____ und besonders vor-

mittags 6 _____ .

Im übrigen Deutschland überwiegend 7 _____ , nachmit-

tags vereinzelt 8 _____ . 9 _____

im Norden bei 18 Grad, im Süden um 30 Grad. Nachts meist klar

mit 10 _____ zwischen 10 und 15 Grad.

11 _____ aus Südwest.

Weitere Aussichten: Auch im Norden 12 _____ wie im

übrigen Deutschland.

 c) *Und wie ist das Wetter heute bei Ihnen?*
Schreiben Sie.

Es ist ...   Es gibt ...   Es regnet / schneit.

2. Bei diesem Wetter?

 a) Hören Sie.
Welches Bild passt zu welchem Dialog? Markieren Sie.

1 _____   2 _____   3 _____   4 _____   5 _____

 b) Was machen die Leute? Und welche Tätigkeiten werden genannt?
Unterstreichen Sie.

ins Schwimmbad gehen   Tennis spielen   Rad fahren   segeln   surfen gehen

im Stadtwald wandern   Ball spielen   im Park spazieren gehen

im Garten arbeiten   eine Gartenparty feiern   im Bett bleiben   im Haus feiern

mit dem Auto fahren   das Auto waschen   mit dem Zug fahren   ins Kino gehen

c) *Schreiben Sie kurze Zusammenfassungen der Dialoge.*

obwohl   trotzdem   weil   denn   deshalb   da   wenn

es ist sehr heiß   es soll Gewitter geben   es regnet
es gibt Nebel   das Wasser ist noch kühl

1   *Obwohl es sehr heiß ist, fahren sie Rad.* oder

   Es ist sehr heiß, trotzdem fahren sie Rad. oder

   Obwohl es sehr heiß ist, sind sie nicht ins Schwimmbad gegangen.

2   _____

   _____

3   _____

   _____

4   _____

   _____

5   _____

   _____

Und wie ist das Wetter bei Ihnen? Was möchten Sie jetzt (nicht) machen?

d) *Was heißt das?*
   Markieren Sie.

1   Ist das eine Affenhitze!
☐ a) Im Zoo ist es heiß.
☐ b) Es ist sehr heiß.

2   Du hast gut reden.
☐ a) Du kannst das leicht sagen, das ist ja für dich kein Problem.
☐ b) Du hast gut geredet, deine Worte haben mir gut gefallen.

3   Es gießt in Strömen.
☐ a) Es regnet sehr stark.
☐ b) Es ist wichtig, die Blumen regelmäßig zu gießen.

4   Dann fällt die Party ins Wasser.
☐ a) Es gibt eine Party im Schwimmbad.
☐ b) Es gibt keine Party, weil es regnet.

5   Man sieht ja die Hand vor Augen nicht.
☐ a) Man kann (fast) nichts sehen, weil es dunkel oder neblig ist.
☐ b) Man kann nichts sehen, wenn man die Hände vor die Augen hält.

3. Weimar, die Stadt mit Tradition

▶ ✓   *a) Hören Sie, und markieren Sie den Reiseweg.*

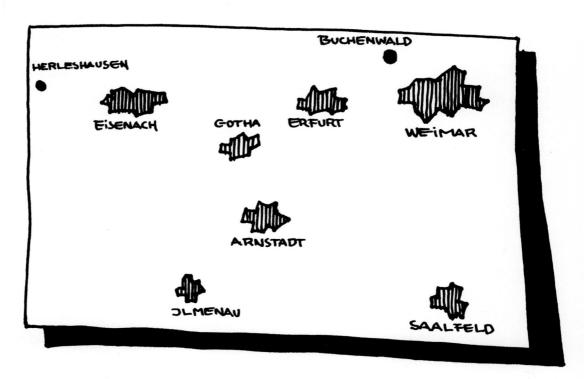

◀◀ ✓   *b) Hören Sie noch einmal.*
Was gehört zusammen? Markieren Sie.

1	Weimar	a)	mittelalterliche Burg
2	Grenze	b)	wurde 1937 von den Nationalsozialisten errichtet
3	Wartburg	c)	wurde im 16. Jahrhundert erbaut
4	Martin Luther	d)	hier tagte 1919 die Nationalversammlung
5	Autos	e)	teilte Deutschland in zwei Staaten
6	Buchenwald	f)	ist im englischen Stil angelegt
7	Goethehaus	g)	übersetzte hier das Neue Testament
8	Nationaltheater	h)	noch erhalten, aber nur notdürftig restauriert
9	Schlosspark	i)	gab der ersten deutschen Republik den Namen
10	das Grüne Schloss	j)	beherbergt heute das Goethe-Nationalmuseum
11	Arnstadt	k)	war früher Sitz der Landgrafen von Thüringen
12	Stadtkern	l)	Trabbi und Wartburg
		m)	Schiller und Goethe sind hier begraben
		n)	Goethe hat hier viele Jahre gewohnt
		o)	hier ist heute die Landesbibliothek untergebracht
		p)	wurde erstmals im Jahre 704 urkundlich erwähnt

1 __*i, m, (n)*__   2 _____   3 _____   4 _____

5 _____   6 _____   7 _____   8 _____

9 _____   10 _____   11 _____   12 _____

c) *Was gibt es in Thüringen zu sehen?*
Schreiben Sie Sätze.

1 *Wir besuchen die Stadt Weimar,* in der *Goethe und Schiller begraben sind und* die *der ersten deutschen Republik ihren Namen gab.*

2 *Bei Herleshausen verlief früher die Grenze.*

3 *Bei Eisenach besuchen wir die Wartburg.*

Ein berühmter Bewohner war auch Martin Luther.

4 *Dann machen wir einen Besuch im ehemaligen Konzentrationslager Buchenwald.*

Heute erinnern ein Museum und eine Gedenkstätte an die Opfer.

5 *In Weimar besuchen wir das Goethehaus.*

und

6 *Dann gehen wir zum Nationaltheater.*

7 *Wir machen einen Spaziergang im Schlosspark.*

8 *Zum Abschluss besichtigen wir das Grüne Schloss.*

und

9 *Auf dem Rückweg machen wir noch einen Abstecher nach Arnstadt, der ältesten Stadt Thüringens.*

Wir gehen durch den mittelalterlichen Stadtkern.

4. Der Umwelt zuliebe ...

a) *Hören Sie.*
   Welches Bild passt zu welchem Werbetext?
   Markieren Sie.

A _____   B _____   C _____   D _____

b) *Hören Sie noch einmal.*
   Was ist neu an den Produkten? Was passt zusammen? Markieren Sie.

	9x3	Fernandez Lenz	Grünbär
Altpapier			
Kunststoff			
Glas			
umweltfreundliche Verpackung			
mit wenig Energie produziert			
(fast) vollständig abbaubar			
kann rückstandfrei entsorgt werden			
Recycling möglich			
wenig Platz im Müll			
ohne Giftstoffe			

c) Lesen Sie diese Erklärungen, und ergänzen Sie den passenden Ausdruck aus b).

1 Alle Stoffe, die nicht verbraucht werden und zurückbleiben, werden gesammelt und wieder für neue Produkte verwendet.

_____

2 Alle Stoffe, die nicht verbraucht werden und zum Hausmüll kommen, werden nach einiger Zeit automatisch wieder zu Naturstoffen.

_____

3 Alle Stoffe, die nicht verbraucht werden, können verbrannt werden, ohne dass etwas zurückbleibt.

_____

4 Die Flaschen, Dosen, Packungen etc., in denen ein Produkt verkauft wird, sind keine Gefahr für die Umwelt.

_____

5 Stoffe, die chemisch produziert werden und schwer abbaubar sind, z.B. PVC bei Plastiktüten und -flaschen.

_____

*d) Schreiben Sie einen Werbetext für das bekannte Getränk Gago Galo,
das es jetzt in der umweltfreundlichen Papierdose gibt.*

_____

_____

_____

_____

_____

_____

_____

_____

_____

_____

_____

_____

1. Mama, jetzt hör doch mal zu!

   a) Hören Sie.
Wo verbringt Karin ihren Urlaub?
Und welche Verkehrsmittel benutzt sie? Markieren Sie.

1   Urlaub
☐ a) in der Karibik
☐ b) in Griechenland
☐ c) zu Hause

2   Verkehrsmittel
☐ a) Auto
☐ b) keine
☐ c) Flugzeug

b) Welche Reisevorbereitungen werden genannt?
Unterstreichen Sie.

Pass / Ausweis verlängern lassen

Visum beantragen   Auto überprüfen lassen

Auto waschen lassen und voll tanken

grüne Versicherungskarte besorgen

Landkarten kaufen   Hotelzimmer bestellen

Wäsche waschen   Kleider in die Reinigung bringen

Koffer packen   Medikamente und Pflaster kaufen

Internationalen Krankenschein besorgen

Gepäckversicherung abschließen   zum Arzt gehen

Einkäufe machen   Gepäck wiegen

Geld wechseln   Reiseschecks besorgen

Flugtickets besorgen   den Hund wegbringen

jemandem die Schlüssel geben   Blumen zu den Nachbarn geben

Blumen gießen   Strom und Gas ausmachen

den Hund impfen lassen   Fenster und Türen schließen

c) *Ergänzen Sie diese Reisetips. Die Angaben aus b) helfen Ihnen.*

Woran Sie vor der Reise denken sollten, damit Sie den Urlaub unbeschwert genießen können

Bei einer Reise ins Ausland sollten Sie zuerst prüfen, ob Sie Ihren Pass

1 _____ .

Im außereuropäischen Ausland besteht oft Visumspflicht: Vergessen Sie also nicht,

rechtzeitig 2 _____ .

Für den Krankheitsfall sollten Sie sich bei Ihrer Krankenkasse 3 _____

_____ und in Ihrer

Apotheke 4 _____ .

Wenn Ihr Reisegepäck gestohlen oder beschädigt wird, ist das schon schlimm

genug. Aber der Ärger ist nicht ganz so groß, wenn Sie vorher

5 _____ ,

dann bekommen Sie Ihr Geld zurück.

Wenn Sie ein Haustier mitnehmen wollen,

6 _____ .

Und bei Ihrer Bank sollten Sie vor der Abreise

7 _____ .

Bei Anreise mit dem eigenen Auto sollten Sie vorher

8 _____ .

Vergessen Sie auch nicht, bei Ihrer Autoversicherung

9 _____

Bei Flugreisen gilt meistens die Höchstgrenze von 20 Kilo Gepäck pro Person.

Es gibt keine Probleme am Flughafen, wenn Sie vorher zu Hause

10 _____ . _____ .

Damit man im Notfall in Ihre Wohnung kommt,

11 _____ ,

vielleicht einem Freund oder Nachbarn, der dann auch

12 _____ .

Damit in der Wohnung nichts passiert, während Sie weg sind,

13 _____

_____ .

Jetzt bleibt uns nichts mehr, als Ihnen eine gute Reise und eine glückliche Heimkehr
zu wünschen.

Ihr Reisebüro

2. Eine Katastrophe nach der anderen

 a) *Hören Sie und ordnen Sie die Bilder.*
Markieren Sie.

1 _____ 2 _____ 3 _____ 4 _____ 5 _____ 6 _____ 7 _____ 8 _____ 9 _____

 b) *Lesen Sie zuerst diese Liste.*
Was passt zu welchen Bildern? Markieren Sie.

_____ 1 das Essen im Hotel mögen

_____ 2 nach Hause kommen

_____ 3 die Arztrechnung selber bezahlen

_____ 4 auf das Gepäck warten

_____ 5 eine halbleere Wohnung vorfinden

_____ 6 sich erkälten

_____ 7 nur im Hotel essen

_____ 8 sechs Stunden warten müssen

_____ 9 bewölkt und kalt sein

_____ 10 Geld und Pass verlieren

_____ 11 ein lautes Zimmer bekommen

_____ 12 im Hotelzimmer bleiben

_____ 13 Ärger mit dem Zimmer haben

_____ 14 früher nach Hause fahren

_____ 15 den Krankenschein vergessen

_____ 16 nicht an den Strand gehen

_____ 17 den ganzen Tag Hektik haben

_____ 18 furchtbar heiß sein

_____ 19 am Urlaubsort ankommen

_____ 20 bestohlen werden

_____ 21 viel zu voll sein

_____ 22 keinen Platz im Flugzeug bekommen

_____ 23 im Pool des Hotels baden

_____ 24 das Hotel wechseln

_____ 25 sich aufs Büro freuen

_____ 26 auf dem Flughafen schlafen

_____ 27 neue Papiere und Geld von der Botschaft holen

_____ 28 schmutzig sein

Jetzt hören Sie noch einmal, und vergleichen Sie Ihre Ergebnisse mit dem Text.

c) *Egon schreibt einen Brief an den Reiseveranstalter und beschwert sich über die vielen Pannen bei seiner Urlaubsreise. Überlegen Sie, welche Punkte für diesen Brief wichtig sind, und schreiben Sie den Brief für Egon zu Ende. Verbinden Sie die Sätze möglichst mit diesen Wörtern.*

denn trotzdem aber deshalb dann schließlich
entweder ... oder also da

Egon Pechvogel
Im Diebesgrund 22

40489 Düsseldorf

Düsseldorf, den 3.08.199_

Sorglos-Reisen GmbH
Traumallee 13

40223 Düsseldorf

Pauschalreise Lemurka vom 19.07. – 9.08.
Schadensersatzforderung

Sehr geehrte Damen und Herren,

wir mussten die bei Ihnen gebuchte Pauschalreise vorzeitig abbrechen, da die versprochenen Leistungen nicht erbracht wurden. Der gesamte Urlaub war eine einzige Kette von Pannen und Katastrophen. Wir verlangen daher die Rückerstattung der Reisekosten.
Am 19.07. waren wir pünktlich am Flughafen, mussten aber 6 Stunden auf das Flugzeug warten. Trotzdem bekamen wir keinen Platz in diesem Flugzeug und mussten deshalb ...

---

3. Nur weg hier – doch was dann?

a) *Worüber sprechen die Leute?*
Unterstreichen Sie.

Auswanderung
berufliche Möglichkeiten
Sport
Versicherung
Aufstiegsmöglichkeiten
(Un)freundlichkeit
Kosten
Wohnung
Informationen vom Konsulat
Urlaub im Wunschland

Hobbies
Freunde
Wunschträume
Verdienst
Gewerkschaften
Sprache
Bildung
Kirche und Religion
Verkehr
Landschaft und Klima

b) *Hören Sie noch einmal.*
Wen fragt der Moderator Siggi Schwafel was? Ordnen Sie, und markieren Sie
*die Namen (Rudi Rastlos = **R**, Frieda Flüchtig = **F**, Norbert Neubeginn = **N**).*

_1_ _R_ a) Warum sind Sie ausgewandert?

_____ _____ b) Was erhoffen Sie sich von Australien?

_____ _____ c) Wohin möchten Sie auswandern?

_____ _____ d) Hat Frau Flüchtig bessere berufliche Möglichkeiten in Australien?

_____ _____ e) Was haben die Kinder dazu gesagt?

_____ _____ f) Welche Fragen haben Sie an Herrn Rastlos?

_____ _____ g) Warum interessiert Sie das Thema Auswanderung?

_____ _____ h) Welche Probleme hatten Sie am Anfang?

_____ _____ i) War die Familie gleich einverstanden?

_____ _____ j) Wie haben Sie sich über Australien informiert?

_____ _____ k) Sind die Menschen dort freundlicher und hilfsbereiter als hier?

_____ _____ l) Waren Sie schon einmal in Australien?

c) *Welche Fragen stellt der Moderator Siggi Schwafel wem?*
Schreiben Sie Sätze.

Herr Schwafel möchte (von ...) wissen / fragt ...,
ob   was   warum   wie   wohin   welche ...

1 *Der Moderator möchte von Herrn Rastlos wissen, warum er*

ausgewandert ist.

2 *Er fragt ihn,*

3 _____

4 _____

5 _____

6 _____

7 _____

8 _____

9 _____

10 _____

11 _____

12 _____

d) *Was sagen die Leute?*
Hören Sie noch einmal, und notieren Sie Stichworte.

Rudi Rastlos

_____

_____

_____

_____

_____

_____

_____

_____

Frieda Flüchtig

_____

_____

_____

_____

Norbert Neubeginn

_____

_____

_____

_____

e) *Jetzt schreiben Sie kurze Porträts der drei Leute. Die Fragen in b) und die Stichworte*
von d) helfen Ihnen.

4. Glücklich vereint unter einem Dach

▶ ✓

    a) *Hören Sie.*
         Worum geht es? Und was für ein Text ist das? Markieren Sie.

1   Es geht darum,
  ☐ a) wie Deutsche über Ausländer denken.
  ☐ b) wie Ausländer über Deutsche denken.
  ☐ c) wie Deutsche über Deutsche denken.

2   Das ist
  ☐ a) ein Dialog zwischen zwei Freunden.
  ☐ b) ein komischer Text für politisches Theater.
  ☐ c) eine Informationssendung im Radio.

◀◀ ✓

    b) *Wer sagt das über wen?*
         Markieren Sie.

  1 Die wollen nur unser Geld.
  2 Die wollen hier die schnelle Mark machen.
  3 Die wollen sofort alles haben.
  4 Die wollen nichts abgeben.
  5 Die wissen nicht, was Arbeit ist.
  6 Die haben uns zu viel versprochen.
  7 Die haben schon viel bekommen, wollen aber immer mehr.
  8 Die wissen alles besser und wollen über alles bestimmen.
  9 Die sind wie kleine Kinder, die muss man an die Hand nehmen.
10 Die haben keine Ahnung von der Marktwirtschaft.
11 Die denken nur ans Geld.
12 Die nehmen keine Rücksicht auf die Schwachen.
13 Dort machen drei Leute die Arbeit von einem.
14 Die sind eiskalt, Solidarität ist für sie ein Fremdwort.
15 Die sind noch halbe Sozialisten.
16 Die denken nur an sich.
17 Die schimpfen nur, weil sie selber arm sind.

Ossi über Wessi   Wessi über Ossi

2. _____   *1, 3.* _____

_____   _____

✓ c) *Welche Äußerungen aus b) passen zu diesen Wörtern?*
Markieren Sie.

_____ geizig

_____ rücksichtslos

_____ geldgierig

_____ unselbständig

_____ egoistisch

_____ unwissend

_____ faul

_____ undankbar

_____ ungeduldig

_____ arrogant

_____ neidisch

_____ besserwisserisch

d) *Und Sie? Welche (Vor)urteile haben Sie?*
Was denken Sie über die Deutschen und über die Leute in Ihrem Land?
Schreiben Sie. Sie können auch andere Wörter verwenden, z.B.

aggressiv   bescheiden   dankbar   einfach   fleißig   freundlich
geduldig   gemütlich   humorvoll   intelligent   langweilig   laut
pünktlich   sauber   selbständig   sympathisch   treu   (un)zufrieden ...

Spaghetti – Umsatz in Italien geht zurück

Deutsche nicht pünktlicher als andere Europäer

Trinken alle Franzosen Rotwein?

Sind Spanier wirklich die besseren Liebhaber?

London hat weniger Nebeltage als Wien

Der englische Humor – ein Vorurteil?

Die Badewanne wird nur einmal pro Woche benutzt

Nicht alle Schotten sind geizig

Auch Japaner machen gerne Urlaub

Lektion 8

1. Sie hören Nachrichten

a) *Hören Sie.*
Ordnen Sie die Bilder und markieren Sie.

Bild A _____

Bild B _____

Bild C _____

Bild D _____

b) *Hören Sie noch einmal, dann lesen Sie die Schlagzeilen.*
Welche Schlagzeilen passen zu welcher Nachricht? Markieren Sie.

_____ a) Noch weniger Kontakte zwischen Sportlern und Fans

___*1*___ b) Radfahren soll ab Januar teuer werden

_____ c) IOC besteht auf schärferen Kontrollen

_____ d) Mehr Geld für Radwege in den fünf neuen Ländern

_____ e) Autoindustrie spricht von mehr Chancengleichheit

_____ f) Verletzt neue Steuer die Grundrechte?

_____ g) Ohne Mutter klappt nichts mehr

_____ h) Gute Geschäfte für Restaurants und Schnellimbisse

_____ i) Regierungssprecher: Freiheit hat ihren Preis

_____ j) Büros und Fabriken werden zu Kindergärten

_____ k) Bald keine steuerfreie Bewegung mehr möglich?

_____ l) Gewerkschaft plant Verschärfung des Streiks

_____ m) Regierung erinnert Frauen an ihre Pflichten

_____ n) Autoindustrie begrüßt Steuerpläne der Bundesregierung

_____ o) Nur wirkliche Leistung soll entscheiden

_____ p) Untersuchungen vor den Augen der Zuschauer

_____ q) Kein Ende beim Streit über neue Steuer

_____ r) Der Zoll sucht jetzt auch nach Urin im Gepäck

_____ s) Gewinner müssen Speisepläne bekanntgeben

_____ t) Hausfrauen demonstrieren – Berufsverkehr steht still

_____ u) Auch Fußgänger sollen jetzt bezahlen

✓ c) *Links finden Sie „Nachrichtendeutsch", rechts „normales Deutsch".*
   Was passt zusammen? Markieren Sie.

1 Der Gesetzentwurf sieht vor ...	a) jemanden dringend bitten
2 schärfsten Widerstand ankündigen	b) sagen, dass etwas schlimme Folgen haben kann
3 die Pläne begrüßen	c) sagen, dass in weiteren Gebieten gestreikt werden soll
4 verheerende Auswirkungen zeigen	d) sagen, dass man dagegen ist und etwas dagegen tun will
5 der Streik hat durchschlagenden Erfolg	e) die Pläne gut finden
6 eine Ausweitung der Kampfmaß- nahmen ankündigen	f) mit einer Kritik nicht einverstanden sein
7 eindringlich an jemanden appellieren	g) sehr schlimme Folgen haben
8 einschneidende Änderungen bringen	h) Das geplante Gesetz soll ...
9 Manipulationen ausschließen	i) weniger Kontakte zwischen Sportlern und Zuschauern
10 eine wachsende Entfremdung zwischen Athleten und Fans	j) sofort etwas verändern (weil es kritisiert worden ist)
11 vor Schäden warnen	k) zu starken Veränderungen führen
12 unmittelbar auf Kritik reagieren	l) garantieren, dass keine Dinge getan werden, die nicht erlaubt sind
13 Einwände zurückweisen	m) der Streik zeigt das gewünschte Resultat

1 _____   2 _____   3 _____   4 _____   5 _____   6 _____   7 _____

8 _____   9 _____   10 _____   11 _____   12 _____   13 _____

d) *Jetzt schreiben Sie eine Nachricht in „Nachrichtendeutsch".*
   Diese Schlagzeilen helfen Ihnen.

2. Der Wähler hat gesprochen

Streit um neue Getränkesteuer

Regierung warnt vor gesamtwirtschaftlichen Folgen des Streiks

Kundengewerkschaft kündigt
Ausweitung der Kampfmaßnahmen an

Kundenstreik: Schlechte Zeiten für Gasthöfe und Kneipen

**Regierungssprecher weist
Gewerkschaftskritik zurück**

Kunden demonstrieren – der
Verkehr steht still

a) *Hören Sie. Wer ist wer?*
Markieren Sie.

1 Herr Plapper	a) Sprecher/-in der REPUBLIKANER
2 Herr Engel	b) Ministerpräsident/-in
3 Frau Röhrig	c) Moderator/-in
4 Herr Braunmüller	d) Bundeskanzler/-in
	e) Sprecher/-in der SPD
	f) Sprecher/-in der CDU

1 _____ 2 _____ 3 _____ 4 _____

b) *Hören Sie noch einmal.*
Ergänzen Sie die Zahlen bei den Wahlergebnissen.

	Letzte Wahl vor 4 Jahren	Jetzige Wahl	Gewinne/Verluste
Wahlbeteiligung		*70,2%*	*−1,6%*
CDU			
SPD			
Republikaner			
FDP			
Die Grünen			

Jetzt berechnen und ergänzen Sie die fehlenden Angaben.

c) *Hören Sie noch einmal.*
Wer nennt welche Gründe? Markieren Sie.

Engel _____   Röhrig _____   Braunmüller _____

1 Die Erfolge der Politik wurden nicht deutlich.
2 Die Politik der Bundesregierung hat Einfluss auf das Wahlergebnis gehabt.
3 Die Probleme der deutschen Einheit haben Einfluss auf das Wahlergebnis gehabt.
4 Die Leute sind mit der Politik der CDU unzufrieden.
5 Unsere Partei hat klare Lösungen.
6 Die SPD hat die Wähler nicht überzeugt.
7 Die CDU hat den Republikanern geholfen.

d) *Am nächsten Tag kommentiert ein Journalist die Wahl.*
Ergänzen Sie die passenden Wörter und die Zahlen aus b), und achten
Sie dabei auf die richtigen Endungen.

Wahlkampf   Wahlergebnis   Wählerstimme (2x)   Demokratie
System   Regierungspartei   Regierungsbildung   Bündnispartner   Landtag
Landtagswahl   Landesregierung   Ministerpräsident   Sitzverteilung
Bundesregierung   Bundesbürger

Volksparteien in der Krise?

Ein schwarzer Tag für die beiden großen Volksparteien – aber auch ein schwarzer Tag

für die 1 *Demokratie* in unserem Lande. Die 2 _____ in Baden-

Württemberg hat gezeigt, dass immer mehr Bürgerinnen und Bürger mit den großen

Parteien unzufrieden sind. Die CDU als 3 _____ hat jeden fünften

Wähler verloren und ist von 4 *49%* auf 5 _____ zurückgefallen. Das ist sicher

nicht nur ein Protest gegen die Politik der 6 _____ in Stuttgart.

7 _____ Engel hat in einem ersten Interview mit Recht darauf

hingewiesen, dass die Probleme der deutschen Einheit und die Politik der

8 _____ einen negativen Einfluss auf das 9 _____

hatten. Doch auch die große Oppositionspartei hat keinen Grund zur Freude: Die brei-

te Unzufriedenheit mit der CDU hat der SPD keine neuen 10 _____

gebracht. Sie bekam sogar 11 _____ weniger Stimmen als vor vier Jahren und

ist damit unter die 30%-Marke gefallen.

Auch die erschreckend niedrige Wahlbeteiligung, die jetzt bei nur noch

12 _____ liegt, zeigt die wachsende Unzufriedenheit der 13 _____

mit der Parteienlandschaft und dem politischen 14 _____ .

Nur die Republikaner, die mit einem ausländerfeindlichen Programm in den

15 _____ gegangen sind, konnten viele neue

16 _____ gewinnen und haben diesmal 17 _____

erhalten – das sind fast 10% mehr als bei der letzten Wahl. Damit sind die Rechts-

extremen zur drittstärksten Partei im 18 _____ geworden und ha-

ben sogar die Grünen überholt, die ihren Stimmenanteil ebenfalls, allerdings nur ge-

ringfügig, steigern konnten: von 19 _____ vor vier Jahren auf jetzt

20 _____ .

Die 21 _____ im neuen Landtag macht die

22 _____ schwierig: Die CDU will nicht mit den rechtsextremen

Republikanern zusammengehen, auch mit den Grünen gibt es nur wenige

Gemeinsamkeiten, und der Wunschpartner FDP hat zu wenig Stimmen bekommen,

nämlich nur 23 _____ . So bleibt nur die SPD als 24 _____

übrig. Aber eine solche „Elefantenhochzeit" der beiden Wahlverlierer wird die

allgemeine Unzufriedenheit nur verstärken.

3. Wie macht man aus vielen Hochhäusern eine Stadt?

 a) Hören Sie.
Welches Bild passt? Markieren Sie.

☐ Bild A   ☐ Bild B   ☐ Bild C

b) Hören Sie noch einmal.
Wer ist wer? Und was passt zu wem? Markieren Sie.

1 Bodo Babbel	a) Architekt/-in
2 Willi Weissnich	b) leitet die Diskussion
3 Dieter Dünamit	c) will Marzahn erhalten und verbessern
4 Heidi Heimlieb	d) Chef der Wohnungsbaugesellschaft
	e) Rundfunkreporter/-in
	f) will Marzahn zerstören und neu bauen
	g) Einwohner/-in von Marzahn

1 _____   2 _____   3 _____   4 _____

c) Hören Sie noch einmal.
Welche Sätze über Marzahn sind richtig, welche sind falsch?
*Markieren Sie bei **ja** (=richtig) oder bei **nein** (=falsch).*

ja	nein	
		1 Marzahn ist die größte Neubausiedlung Europas.
		2 Marzahn liegt in der Nähe von Hamburg.
		3 Die Häuser sind in schlimmem Zustand.
		4 Die Siedlung wurde in der früheren DDR gebaut.
		5 Für jedes Hochhaus brauchte man etwa 6 Monate.
		6 Es gibt viele Geschäfte, Arztpraxen und Kneipen.
		7 Es besteht die Gefahr, dass Marzahn zum Slum wird.
		8 Die Heizungen in Marzahn sind mangelhaft.
		9 Die Verkehrsverbindungen zwischen Marzahn und der Innenstadt sind gut.
		10 Die meisten Einwohner von Marzahn sind ungelernte Arbeiter ohne Schulabschluss.
		11 Die „Plattform" ist ein Gebäude mitten im Zentrum von Marzahn.
		12 Die Zukunft von Marzahn ist auch ein Test für die Zukunft anderer Neubausiedlungen.

d) Eine Gruppe von Einwohnern aus Marzahn hat ein Flugblatt geschrieben. Ergänzen Sie.

über   in   von   für   aus   zwischen   mit   seit   bis   vor   ohne   gegen

Liebe Einwohnerinnen und Einwohner 1 _____ **Marzahn,**

2 _____ vielen Monaten streiten sich Politiker und Experten

3 _____ die Zukunft unseres Stadtteils. Die einen sind 4 _____

die Reparatur der schlimmsten Mängel 5 _____ den Wohnungen, andere

fordern den Bau eines großen Zentrums 6 _____ Einkaufs- und Freizeit-

möglichkeiten, wieder andere wollen Sport- und Spielplätze 7 _____ die

Hochhäuser bauen, und einige sogenannte Experten wollen uns sogar

8 _____ unseren Wohnungen vertreiben, ganz Marzahn abreißen und dann

irgendwann neu aufbauen. Und was typisch 9 _____ diese Leute ist:

Niemand fragt, ob wir, die Einwohner 10 _____ Marzahn, 11 _____

diesen Plänen einverstanden sind.

Wir haben Angst 12 _____ solchen Experten, wir sind nicht einverstanden

13 _____ ihren einsamen Entscheidungen: Das haben wir 14 _____

der alten DDR 40 Jahre lang erlebt! Wir wollen unsere Heimat nicht verlieren:

Die meisten von uns leben 15 _____ vielen Jahren hier und fühlen sich hier

wohl. Natürlich sind wir nicht zufrieden 16 _____ der momentanen

Situation, natürlich sind wir froh 17 _____ alle wirklichen Verbesserungen.

Aber Veränderungen dürfen nur 18 _____ uns geplant werden, nicht

19 _____ uns oder gar 20 _____ unseren Willen. Alle Pläne müssen

im engen Kontakt 21 _____ den Einwohnern entwickelt werden.

Wenn Ihnen die Zukunft von Marzahn nicht egal ist, dürfen Sie nicht länger

Zuschauer bleiben. Suchen Sie das Gespräch 22 _____ anderen Einwohnern

und kommen Sie am nächsten Mittwoch 23 _____ 19 Uhr

24 _____ 21 Uhr zum ersten Einwohner-Treffen 25 _____

das Gemeindezentrum Marzahn-Nord. Und bringen Sie auch Ihre Nachbarn und

Freunde mit.

Marzahn hat Zukunft – machen Sie mit!

4. Kriminelle oder Rebellen?

a) Hören Sie und markieren Sie.

1   Welche Art von Rundfunksendung ist das?
- [ ] a) Reisebericht
- [ ] b) Märchen
- [ ] c) Buchvorstellung
- [ ] d) Kriminalgeschichte

2   Worum geht es?
- [ ] a) Das Leben auf dem Lande vor 100 Jahren
- [ ] b) Die Geschichte der Räuberbanden in Deutschland
- [ ] c) Arme und Reiche im 18. Jahrhundert
- [ ] d) Die Geschichte der Handwerker in Deutschland

b) Welche Namen werden im Text für die Räuber benutzt?
Unterstreichen Sie.

böse Buben   Mordbuben   Kindheitshelden   Outlaws und Underdogs

Geschäftsleute   Verbrecher und Robin Hoods   Volkshelden   Schauspieler

edle Rebellen   gefährliche Kriminelle   Sozialpädagogen   Sozialrebellen

Auswanderer   arme Handwerker   Musikanten

c) Hören Sie noch einmal.
Was passt zusammen? Ergänzen Sie.

arm   gut   reich   brutal   brav   unglücklich   käuflich   rechtlos   gefährlich

Bürger: _____

Volk: _____

Polizei: _____

Kriminelle: _____

Handwerker: _____

d) Der „Schinderhannes" war einer der bekanntesten Räuber in Deutschland. In einem Lexikon finden Sie diese Stichworte. Schreiben Sie als Hausaufgabe für den Deutschkurs oder für einen Bekannten einen kurzen Bericht über den „Schinderhannes".

Lexikon   325

Schinderhannes, eigentlich Johann Bückler, berühmter Räuber des frühen 19. Jahrhunderts; geboren 25.5.1783 in Miehlen (Taunus), Sohn eines Abdeckers, Räuberhauptmann im Rheinland und Hunsrück; bekannt für seine brutalen Überfälle; beliebt beim Volk, da er seine Opfer nur unter den reichen Bürgern suchte; verlangte unter dem Namen „Johannes durch den Wald" von den Bauern „Schutzgelder", Steuern und Zölle und gab eigene Pässe aus; festgenommen 1802 durch die Polizei, nach öffentlichem Prozeß in Mainz hingerichtet am 21.11.1803.

...

1. Oma hat einen Freund

a) *Else erzählt von ihrer Mutter.*
*Was ist richtig? Markieren Sie bei **ja** (= richtig) oder bei **nein** (= falsch).*

ja	nein	
		1 Oma ist krank.
		2 Else muss sich dauernd um Oma kümmern.
		3 Die Leute reden über Oma.
		4 Else meint, dass die Leute in Kleinstadt über Oma lachen.
		5 Elses Mann mag seine Schwiegermutter sehr gern.
		6 Karin findet es gut, dass Elses Mutter einen Freund hat.
		7 Else findet es gut, dass Oma sich modisch anzieht.
		8 Oma hat immer gerne Hosen getragen.
		9 Karin lebt nicht in Kleinstadt.
		10 Oma spricht nicht gerne von ihrem Freund.
		11 Karin meint, dass Oma jetzt an sich denken soll.
		12 Oma will im Sommer mit Otto in Urlaub fahren.

b) *Schreiben Sie Sätze.*

Karin	schimpfen	über	Oma
Else	sich aufregen	für	(die) Familie
Ernst	sich beschweren	in	Else
Oma	sich ärgern	gegen	Karin
Die Leute	sich unterhalten	von	Otto
Otto	lachen	bei	(der) Campingbus
	denken	an	(die) Reise
	reden	auf	Ernst
	sprechen	mit	sich
	nachdenken		
	sich interessieren		
	sich freuen		
	Geld ausgeben		
	sich verlieben		
	etwas haben		

Karin unterhält sich mit Else.
Else beschwert sich bei Karin über Oma.
...

c) *Oma schreibt Else einen Brief aus Spanien.*
   Ergänzen Sie.

Alicante, Weihnachten 199_

Liebe Else,

das Wetter ist schön, das Essen gut, der Bus fährt prima – aber deshalb schreibe

ich dir nicht.

Ich weiß, dass du _*dich*_ darüber _*ärgerst*_ , dass ich jetzt einen Freund habe.

Warum 1 _____ du 2 _____ nicht 3 _____ mein

spätes Glück? Seit dem Tod deines Vaters war ich viel allein. Habe ich

4 _____ jemals darüber 5 _____ , dass du mich so wenig

besuchst? Du sagst, die Leute 6 _____ viel 7 _____ .

Lass' sie doch reden. Als du jung warst, hast du 8 _____ auch nicht dafür

9 _____ , was die Leute sagen. Was ist denn schlimm daran,

wenn 10 _____ zwei alte Leute 11 _____ ?

Es gibt zwei einsame Menschen weniger auf der Welt. Du solltest mal darüber

12 _____ und vielleicht auch mal mit deinem Mann

13 _____ diese Sache 14 _____ .

Ich fühle, dass er etwas gegen 15 _____ , aber ich meine,

dass er keinen Grund hat, sich 16 _____ . Es ist doch

Unsinn, dass ich 17 _____ nicht mehr 18 _____ euch und

die Kinder 19 _____ , aber zum ersten Mal in meinem Leben

20 _____ ich zuallererst mal 21 _____ .

Versuche doch bitte, 22 _____ zu verstehen.

Deine dich liebende Mutter (und Oma)

d) *Hören Sie noch einmal.*
   Was heißt das? Markieren Sie.

1 Na, Du bist gut!
☐ a) Du hast recht.
☐ b) Das finde ich nicht.

2 am laufenden Band
☐ a) immer/dauernd
☐ b) an der Kasse im Supermarkt

3 rot sehen
☐ a) sich sehr ärgern
☐ b) sich sehr freuen

4 sich das Maul zerreißen
☐ a) eine Verletzung am Mund haben
☐ b) schlecht über jemanden reden

5 jeden Pfennig zweimal umdrehen
☐ a) sehr sparsam sein
☐ b) Geld wechseln

6 immer auf Achse sein
☐ a) immer mit dem Auto fahren
☐ b) viel unterwegs sein

2. Rentner-Service Trudi Hektik

▶ ✓   *a) Welche Dienstleistungen werden genannt?*
Markieren Sie.

- ☐ Babysitter
- ☐ Gartenpfleger
- ☐ Kino- und Theatergänger
- ☐ Leseratten
- ☐ Schreibbüro
- ☐ Schulaufgabenhelfer
- ☐ Spaziergänger und Wanderer
- ☐ Schlangensteher und Platzhalter
- ☐ Urlaubswohner
- ☐ Anrufbeantworter
- ☐ Feinschmecker- und Partyservice
- ☐ Haushaltshilfe
- ☐ jahreszeitlicher Fest-Service

◀◀   *b) Hören Sie noch einmal und ergänzen Sie.*

1 _____	warten für andere.
2 *Leseratten* _____	lesen für andere.
3 _____	schickt Speisen und Getränke ins Haus.
4 _____	schickt einen Weihnachtsmann ins Haus.
5 _____	passen auf Häuser und Wohnungen auf.
6 _____	passen auf Kinder auf.
7 _____	helfen beim Lernen.

c) *Der Rundum-Rentner-Service macht auch Zeitungsanzeigen.*
   Bei diesem Werbetext sind die Sätze durcheinander geraten.
   Bitte schreiben Sie den Text richtig.

Urlaub machen / wegfahren / Sie wollen / und ?

nicht / Das ist / so / einfach.

Blumen und Pflanzen / Was soll / werden / aus / Ihren ?

Wollen Sie / ins Tierheim / Hund / geben / Ihren ?

auf / Wer passt / auf / Wohnung / Ihre ?

Urlaubswohner / dieses / Unsere / Problem / lösen.

und gehen / mit / Wasser / Ihrem Hund / Ihren / Sie geben / spazieren / Blumen
und Pflanzen.

Sie / Briefkasten / leeren / passen auf, dass / und / Ihren / gestohlen wird / nichts.

Und Sie? Sie / keine Sorgen / ruhig schlafen / und können / auch im Urlaub /
brauchen sich / zu machen.

d) *Schreiben Sie jetzt einen Werbetext für ein Schreibbüro.*
   Die Stichwörter helfen Ihnen.

Briefe beantworten   Reden halten   verstehen   schreiben

Formulare ausfüllen   schwierige Texte   Liebesbriefe   Roman

Tagebuch   Gedichte   eine Prüfung / einen Test machen

Feste und Familienfeiern   Probleme haben / lösen   guter Stil

richtig schreiben   passende Wörter

3. Was nun, Herr Bäum?

▶ ✓ *a)* *Hören Sie.*
Welche Versicherungen werden genannt?
Markieren Sie.

☐ Gepäckversicherung
☐ Rentenversicherung
☐ Lebensversicherung
☐ Arbeitslosenversicherung
☐ Unfallversicherung
☐ Pflegeversicherung
☐ Hausratversicherung
☐ Krankenversicherung
☐ Autoversicherung
☐ Haftpflichtversicherung

◀◀ ✓ *b)* *Hören Sie noch einmal.*
Welche Aussagen sind richtig, welche sind falsch? Markieren Sie
bei **ja** *(= richtig) oder* **nein** *(= falsch).*

		ja	nein
1	Norbert Bäum meint, dass die Pflegeversicherung zur Zeit die wichtigste sozialpolitische Aufgabe ist.		
2	Heute müssen weniger Menschen als früher im Alter gepflegt werden.		
3	Die Pflege in Krankenhäusern, Altersheimen und Pflegeheimen ist sehr teuer.		
4	Für die Pflege von Rentnern gibt es keine Sozialhilfeleistungen vom Staat.		
5	Durch die Pflegeversicherung soll die Pflege zu Hause wieder attraktiv gemacht werden.		
6	Norbert Bäum will, dass die Pflegeversicherung je zur Hälfte von Arbeitgebern und Arbeitnehmern bezahlt wird.		
7	Alle Politiker sind mit Norbert Bäums Plan einverstanden.		
8	Norbert Bäum meint, dass die Pflege von Alten und Behinderten eine Aufgabe aller Bürgerinnen und Bürger ist.		
9	Norbert Bäum will eine gute Pflege für alle, nicht nur für reiche Leute.		

c) *Was passt zusammen?*
   Markieren Sie.

1	Gesetzentwurf	a)	ein Vorschlag für ein neues Gesetz
2	Legislaturperiode	b)	die Zeit zwischen zwei Wahlen (in Deutschland meistens vier Jahre)
3	Regierungskoalition	c)	wie alt die Leute im Durchschnitt werden
4	Opposition	d)	wie ein Projekt bezahlt wird
5	Finanzierung	e)	Beiträge der Arbeitgeber zur Kranken-, Renten- und Arbeitslosenversicherung
6	Lebenserwartung	f)	die Zusammenarbeit von mehreren Parteien in einer Regierung
7	Sozialhilfeleistungen	g)	staatliche Gelder für arme Leute
8	Staatshaushalt	h)	das Haushaltsgeld des Staates
9	Lohnnebenkosten	i)	gemeinsame Lösungen bei verschiedenen Meinungen finden
10	Wettbewerbsfähigkeit	j)	die Partei(en) im Parlament, die die Regierungsarbeit kontrollieren und oft kritisieren
11	Kompromisse	k)	die Chancen der deutschen Wirtschaft auf dem Weltmarkt

1 _____ 2 _____ 3 _____ 4 _____ 5 _____ 6 _____

7 _____ 8 _____ 9 _____ 10 _____ 11 _____

4. Jetzt steh' ich hier – mutterseelenallein

▶ ✓   *a) Hören Sie.*
       Wo ist das? Markieren Sie.

☐ A   Zu Hause   ☐ B   Im Krankenhaus   ☐ C   Auf dem Friedhof

◀◀ ✓   *b) Hören Sie noch einmal.*
        Ordnen Sie Berthas und Heinrichs Leben. Markieren Sie.

_____ a)   Marianne geht nach Amerika.   _____

_____ b)   Umzug ins eigene Haus   _____

__1__ c)   Bertha und Heinrich heiraten.   *1941*

_____ d)   Hänschen wird geboren.   _____

_____ e)   erste Pizza beim Italiener   _____

_____ f)   Geburt von Marianne   _____

_____ g)   Geburt von Egon   _____

_____ h)   Heinrich kommt wieder nach Hause.   _____

_____ i)   erste gemeinsame Wohnung   _____

_____ j)   Goldene Hochzeit   _____

_____ k)   Egon verlässt die Familie im Streit.   _____

_____ l)   Berthas Tod   _____

◀◀ ✐   *c) Hören Sie noch einmal.*
        Wann war was? Ergänzen Sie die Jahreszahlen bei Übung b).

✐   *d) Schreiben Sie die Geschichte von Heinrich und Bertha.*
     Sie ist repräsentativ für die Lebensgeschichte vieler Paare dieser Generation.
     Keine Angst vor langen Sätzen: Diese Wörter helfen Ihnen, die Geschichte zu ordnen.

als   bevor   bis   nachdem   weil   dann   danach   später   schließlich
deshalb   vor   nach   während

Lektion 10

1. Geschichten vom Dichten

▶ ✓   *a)*   *Hören Sie.*
             Welches Bild passt zu welchem Gedicht? Markieren Sie.

1_____   2_____   3_____   4_____   5_____   6_____

✓   *b)*   *Alle diese Gedichte klingen komisch – der Reim stimmt nicht.*
          Hier ein Beispiel:

Was wollen Sie trinken?

Was darf es **sein**?

Es gibt Tee und Kaffee,

Bier, Wasser und **Sekt**.

In der letzten Zeile erwarten wir einen Reim auf „sein", das Wort „Sekt" passt nicht.
Wenn wir aber „Sekt" durch „Wein" ersetzen, dann stimmt der Reim wieder.
Welche Wörter passen hier **nicht***? Markieren Sie, und benutzen Sie ein Wörterbuch,*
wenn Sie Wörter nicht kennen.

1	lesen	2	Federhalter	3	Reim
☐	a) Besen	☐	a) Alter	☐	a) geheim
☐	b) essen	☐	b) Verwalter	☐	b) sein
☐	c) Spesen	☐	c) Fußballer	☐	c) heim

4	Lichter	5	Gedicht	6	Rekorde
☐	a) Gesichter	☐	a) Licht	☐	a) Morde
☐	b) Dichter	☐	b) dick	☐	b) Torte
☐	c) Fischer	☐	c) nicht	☐	c) Akkorde

7	Küche	8	erreicht
☐	a) Gerüche	☐	a) vielleicht
☐	b) Sprüche	☐	b) weich
☐	c) Bücher	☐	c) leicht

c) *Hören Sie die Gedichte, lesen Sie dabei den Text mit und ergänzen Sie das passende Reimwort aus b).*

1 Der Dichter

Der Dichter ist ein Mann, der schreibt,

was andre Leute lesen;

doch was er für sein Werk bekommt,

reicht nicht mal für die _____ .

2 Geburtstagstrost

Der Dichter wird heut' siebzig Jahre.

Ich greif' zum Federhalter.

„Robert", schreib' ich, „siebzig Jahre,

das ist doch kein _____ !"

3 Der Kneipenpoet

Jetzt hat er lange gedichtet,

jetzt schreibt er den letzten Reim,

jetzt trinkt er sein Bier aus und zahlt

und schwankt betrunken _____ .

4 Abendgedicht

Der Tag geht zu Ende, der Abend kommt,

überall leuchten die Lichter.

Wenn jemand das schöner als ich hier beschreibt,

dann nennt man ihn einen _____ .

5 Kleine Literaturkunde

Wenn es sich reimt, ist's ein Gedicht.

Ist's ein Roman, dann reimt sich's _____ .

Ist es ein Sportbuch, dann geht's um Rekorde,

ist es ein Krimi, dann geht es um _____ .

Ein Kochbuch hilft in der Küche,

und *Hören Sie mal!* bringt nur noch _____ .

6 Warten auf die Muse

Stunde um Stunde verstreicht,

nichts hat der Dichter erreicht!

Das Warten auf Einfälle

bringt heute nur Reinfälle – Dichten ist nicht so _____ .

d) *Jetzt schreiben Sie selbst kurze Gedichte von zwei Zeilen.*
*Diese „Bausteine" helfen Ihnen. Nehmen Sie eine Zeile aus **A** und*
*ergänzen Sie eine passende Zeile aus **B**.*

A
Jeden Tag trink' ich _____
Bier / Wein / Tee

Das Leben ist _____
ein Spiel / nur ein Traum / ein Klavier / wie ein See / eine der Sachen / ein Gedicht

Jeder Mensch kann _____
Reime machen / fröhlich sein

Die deutsche Sprache _____
ist nicht schwer / mag ich gerne / mag ich nicht

B
weil man da so komisch spricht.
nur weiß ich nie: heißt's das, die, der?
auch wenn ich sie nie richtig lerne.
drum geh' ich nie zum Unterricht.
drum fahr' ich jedes Jahr nach Herne.
im Winter bedeckt mit Eis und Schnee.
über die wir herzlich lachen.
ganz egal, ob groß, ob klein.
und noch viele andre Sachen.
die andren Leuten Freude machen.
aber es reimt sich nicht.
doch man gewinnt nicht viel.
so kurz, man glaubt es kaum.
die Noten steh'n nicht auf Papier.
Warum? – Ich hab' keine Idee!
die die meisten Probleme machen.
bevor ich aus dem Hause geh'.
nur am Sonntag lass' ich's sein.
denn es gibt nichts andres hier.
mit andren oder auch allein.
doch mancher braucht dazu viel Wein.

Jeden Tag trink ich Wein,
nur am Sonntag lass' ich's sein.
. . .

2. Mein Motor zum Schreiben

a) *Hören Sie das Interview.*
Worüber sprechen die Leute? Ordnen Sie.

_____ a) Der Alltag eines Schriftstellers

_____ b) Die ersten Schreibversuche

_____ c) Die Beziehung zwischen Literatur
und Gesellschaft

_____ d) Die Beziehung zwischen Autor und Leser

b) *Hören Sie noch einmal.*
Was meint Stefan Eisner? Welche Sätze sind richtig, welche sind falsch?
*Markieren Sie bei **ja** (= richtig) oder **nein** (= falsch).*

ja	nein	
		1 Ich schreibe schon seit mehr als 20 Jahren.
		2 Ich habe erst vor kurzem angefangen, ernsthaft zu schreiben.
		3 Das Schreiben hilft mir, die Welt besser zu verstehen.
		4 Ich will meinen Lesern helfen, die Welt besser zu verstehen.
		5 Am wichtigsten ist mir, meine Leser von meiner Meinung zu überzeugen.
		6 Ich will meine Leser zum Nachdenken bringen.
		7 Ich will vor allem über die schönen Dinge im Leben schreiben.
		8 Literatur hat nur wenig Einfluss auf die Gesellschaft.
		9 Lesen soll Spaß machen.
		10 Als Schriftsteller habe ich viel freie Zeit.
		11 Ich schreibe meistens nachts.
		12 Vormittags muss ich viel telefonieren, Briefe schreiben und den Haushalt machen.
		13 Oft fahre ich zu Lesungen aus meinen Büchern und nehme an Diskussionen teil.

c) *Schreiben Sie jetzt ein kurzes Portrait des Schriftstellers Stefan Eisner.*
Die Lösungen zu a) und b) helfen Ihnen.

Der Schriftsteller Stefan Eisner schreibt schon seit mehr als 20 Jahren.
Das Schreiben ist für ihn eine Hilfe.

3. Frühstück mit Marlowe

a) *Hören Sie.*
Was für ein Buch ist
„Frühstück mit Marlowe"?
Markieren Sie.

☐ 1 Ein Kriminalroman mit einem Mord in der Küche

☐ 2 Ein Kochbuch für Liebhaber von Kriminalromanen

☐ 3 Eine Rezeptsammlung für Leute, die eine Diät machen wollen

☐ 4 Ausgewählte Gerichte aus berühmten Kriminalromanen

b) *Lesen Sie den folgenden Text.*
Dann hören Sie noch einmal, und unterstreichen Sie die Fehler.

Unser Tip des Monats:

„Ein Drink mit Bogart" von Frank Göhre – ein Ausflug in die Welt des Films und zugleich eine Rezeptsammlung für Genießer, eine Auswahl der Lieblingscocktails berühmter Filmstars von gestern und heute. Hier lernen Sie berühmte Schauspieler von einer anderen Seite kennen – im Mittelpunkt stehen ihre Lieblingsdrinks.

Frank Göhre – selbst Schauspieler und Hobbytrinker – hat sich Hunderte von Filmen angesehen und stellt in seinem Videofilm 30 leicht mixbare Cocktails vor. Die Idee zu diesem originellen Projekt hatte er vor drei Jahren, als er längere Zeit keinen Alkohol trinken durfte. Dabei bemerkte er, dass in den meisten Spielfilmen viele Cocktails getrunken werden und fing an, die Rezepte zu sammeln und die Cocktails selbst zu mixen.

Der Videofilm bringt kurze Szenen aus Spielfilmen mit berühmten Schauspielern beim Cocktailtrinken in Bars, Kneipen und Restaurants und zeigt, wie diese Cocktails gemacht werden. Wir können ihn allen Freunden des Films und des Cocktails wärmstens empfehlen.

Viel Spaß beim „Drink mit Bogart"!

c) *Jetzt schreiben Sie den Text richtig.*
Diese Stichworte helfen Ihnen.

die Welt des Kriminalromans   Lieblingsgerichte berühmter Krimihelden
berühmte Kriminalkommissare und Detektive   Krimiautor und Hobbykoch
180 leicht nachkochbare Rezepte   eine Diät machen   Rezepte nachkochen
Geschichten über die Krimiautoren und ihre Krimihelden beim Essen
Freunde des Krimis und der guten Küche

d) *Jetzt stellen Sie Ihr Lieblingsbuch vor.*

4. Hier muss jeder etwas mitnehmen

a) *Hören Sie.*
Die Literaturkritiker
sprechen über
„Hören Sie mal!"
Wie finden sie es?
Markieren Sie.

	gut	es geht	nicht gut
Frau Gabler			
Herr Parasek			
Herr Arm-Amatzki			

b) *Wer sagt was?*
Markieren Sie (G = Gabler, P = Parasek, A = Arm-Amatzki).

_____ 1 Wir haben es hier mit einem Versuch zu tun.

_____ 2 Das Leben als Collage alltäglicher Situationen.

_____ 3 Natürlich ist nicht alles gleich gut.

_____ 4 Das Werk ist schlecht.

_____ 5 Die Personen werden nicht richtig lebendig.

_____ 6 Das ist nicht lustig, sondern ärgerlich.

_____ 7 Eine Sammlung von langweiligen Texten, künstlichen Personen
und unglaubwürdigen Situationen.

_____ 8 Es gibt einige ausgezeichnete Stellen.

_____ 9 Autoren und Verlag sind neue Wege gegangen.

_____ 10 Die Leser bzw. Hörer sind doch keine kleinen Kinder mehr.

_____ 11 Wir finden herrlich komische Typen in herrlich komischen Situationen.

_____ 12 Die Autoren wollten Alltagstexte schreiben.

_____ 13 Selten hat ein Werk den Leser so freundlich durch den Text geführt.

_____ 14 Einiges ist durchaus interessant, anderes gut gemeint.

_____ 15 Ich bin ja bereit, ein literarisches Werk in Form einer Tonkassette
zu akzeptieren.

_____ 16 Das ist doch in Wahrheit gerade die Qualität des Werkes.

_____ 17 Hier kann und hier muss jeder etwas mitnehmen.

c) *Die Kritiker haben verschiedene Meinungen. Was dem einen gefällt, findet der*
andere nicht so gut. Welcher Kritiker hat Recht? Und wie finden Sie „Hören Sie
mal!"? Hören Sie doch einfach alles noch einmal, und kritisieren Sie mal!

Lösungsschlüssel

Zum Lösungsschlüssel

Die meisten Aufgaben haben nur eine richtige Lösung. Sind mehrere Lösungen möglich, so stehen sie in Klammern ( ).

▨ Bei diesen Schreibübungen sind mehrere Lösungen möglich, die *kursivgeschriebenen Wörter* und *Sätze* sind nur Beispiele für eine richtige Lösung.

1

1. Der große Blonde mit den schwarzen Schuhen

a) 2

b) gemütlich, nett, langweilig, dick, kurze Beine, attraktiv, intelligent, nicht besonders groß, hübsch, nervös, interessant, sportlicher Typ, groß, schlank, blond, lange Beine, sieht gut aus, schön braun, zu jung, wenig Erfahrung, professioneller, ruhig, einfach angenehm, klein, hässlich, alt

c)

Herr Schön	Herr Blass
gemütlich	hübsch
nett	nervös
langweilig	interessant
dick	sportlicher Typ
kurze Beine	groß
attraktiv	schlank
intelligent	blond
nicht besonders groß	lange Beine
professioneller	sieht gut aus
ruhig	schön braun
einfach angenehm	zu jung
	wenig Erfahrung

d) 1 kurzen, 2 klein (dick), 3 attraktiv, 4 professionelles, 5 interessanter, 6 guten, 7 groß, 8 schlank, 9 blonde, 10 sportliche, 11 nervös, 12 professionellen, 13 idealen, 14 attraktiven, 15 nervösen

2. Natürlich finde ich Mode interessant

a) C, A, B, A

b) 1e, 2f, 3c, 4a, 5d, 6b

▨ c) *„Mode finde ich natürlich interessant", meint Claudia H., 34 Jahre und Lehrerin in Frankfurt. Wenn sie zur Arbeit geht, trägt sie schicke Sachen. Aber in ihrer Freizeit, zum Einkaufen oder mit ihren Kindern auf dem Spielplatz, zieht sie meistens Jeans und einen Pullover an. Sie liebt helle Farben, aber Schwarz mag sie auch gerne. Sie trägt Lippenstift und Nagellack, aber nicht immer. Sie kauft nicht alles, was Mode ist, aber wenn sie es lange tragen kann und sich darin wohlfühlt, darf es auch teuer sein.*

3. Und wie erkenne ich Sie?

a) Anzeige 2

b) Frau Stapler: 1, 3, 6, 8, 10, 13, 14, 15, 16
Herr Hoch: 2, 4, 5, 7, 9, 11, 12, 17, 18, 19

c) Frau Stapler geht gerne ins Theater oder Kino.
Herr Hoch sieht gerne (zu Hause) fern.
Herr Hoch wandert sonntags und isst gerne hausgemachten Apfelkuchen.
Frau Stapler macht gerne einen kleinen Spaziergang und geht gerne ins Café.
Herr Hoch sitzt gerne gemütlich zu Hause.
(Frau Stapler hat eine große Familie. Herr Hoch war nie verheiratet.)
Frau Stapler hat braune Haare und ist über fünfzig Jahre alt. Sie trägt ein gelbes Kleid und einen dunkelblauen Hut.
Herr Hoch trägt einen braunen Anzug mit (weißem) Hemd und Krawatte.
Unter dem Arm trägt er das Wochenmagazin.

d) 1d, 2c, 3f, 4b, 5h, 6e, 7a, 8g

4. Meiers gehen ins Theater

a) 1 Helga, 2 Willi, 3 Emma, 4 Boris, 5 Anna, 6 Oskar

b) 1b, 2a, 3c, 4b, 5b, 6a, 7a

c) 1b, 2b, 3a, 4b, 5a

2

1. Deutsch allein ist ja schon schlimm genug

a) 4

b) 1 wollte, 2 durfte, 3 sollte, 4 konnte, 5 konnte, 6 musste

c) Frau Wünsche geht zum Arbeitsamt, weil sie eine Arbeit sucht. Sie ist Realschullehrerin für Deutsch und Geschichte. Sie hat gute Noten, trotzdem findet sie keine Stelle (*oder:* Obwohl sie gute Noten hat, findet sie keine Stelle). Sie wollte schon immer Lehrerin werden, aber ihr Vater wollte das nicht. Deshalb musste sie zunächst eine Lehre machen, konnte aber später studieren. Weil sie jetzt Lehrerin ist, möchte sie auch als Lehrerin arbeiten. Sie möchte keine Umschulung machen, denn sie findet Computer nicht interessant. Sie will keine Versicherungen verkaufen, weil sie das nicht gut kann. Sie soll (kann) Berufsberaterin werden, (obwohl sie das nicht will. Deshalb überlegt sie es sich noch eimal).

d) 1b, 2b, 3a, 4a

2. Du kannst doch Karriere machen!

a) Jutta: 1, 4
Gabi: 2, 3

b) 1J, 2G, 3G, 4J, 5J, 6G, 7G, 8J, 9G, 10J, 11J, 12G, 13J, 14J, 15G, 16J, 17J, 18G, 19G, 20G

c) ... will sie bei einer Bank arbeiten.
Jutta ist 13 Jahre zur Schule gegangen und hat Abitur.
Sie hat sechs Jahre studiert und hat ein Diplom.
Sie will ein Trainee-Programm machen, weil sie arbeitslos ist.
Gabi arbeitet in der Devisenabteilung, aber sie findet die Arbeit bei der Bank langweilig.
Sie hat Mittlere Reife und hat eine Lehre gemacht.
Gabi geht jetzt aufs Abendgymnasium und will Abitur machen, dann will sie studieren.
Gabi will bei der Bank Schluss machen, obwohl sie jetzt gut verdient.
Sie will studieren, weil sie Soziologie interessant findet.

d) ... ist Soziologin. Sie ist 13 Jahre zur Schule gegangen und hat nach dem Abitur 6 Jahre studiert. Jetzt ist sie 28 Jahre alt, hat ein Diplom und schreibt an ihrer Doktorarbeit. Weil sie arbeitslos ist und endlich Geld verdienen will, möchte sie bei einer Bank arbeiten. Sie ist an einem Trainee-Programm interessiert. Ich dagegen finde meine Arbeit in der Devisenabteilung langweilig. Mit meiner Banklehre und als Frau habe ich keine Chance, eine interessante Stelle bei der Bank zu bekommen. Deshalb gehe ich jetzt aufs Abendgymnasium und mache mein Abitur, dann will ich Soziologie studieren: Das finde ich interessant.

3. Karriere machen bei uns nur Frauen!

a) 1, 3, 6, 7, 8, 10

b) 1J, 2J+U, 3U, 4J, 5U, 6J+U, 7U, 8J

c) +: 1, 3, 4, 5
−: 2, 6, 7, 8

... Überstunden machen, aber Karriere wird er nicht machen. Er soll Verträge vorbereiten und die Termine mit den Kunden machen, aber keine Gespräche mit ihnen führen. Er kann nicht selbständig arbeiten und keine Entscheidungen treffen, (denn die Entscheidungen trifft Frau Stark).

d) 1e, 2h, 3c, 4a, 5g, 6b, 7d, 8f

4. Tendenz weiter fallend

a) Jörg: Bild C, Birgit: Bild A

b) J: BIJOUTEX, München, 5.–7. Januar

+*c)* J: PRECIOSA, Düsseldorf, 11.–13. Januar

B: ONLINE, Hamburg, 5.–8. Februar

J: MODE-WOCHE, München, 17.–19. Februar

J: IGEDO, Düsseldorf, 10.–13. März

B: CEBIT, Hannover, 13.–20. März

J: MODE-WOCHE, München, 7.–9. April

J: PELZMESSE, Frankfurt, 10.–14. April

B: NOBA, Nürnberg, Ende April

B: COMPUTER-SCHAU, Dortmund, Mitte Mai

d) ... 13. Januar nach Düsseldorf zur PRECIOSA. Birgit fährt vom 5. bis zum 8. Februar zur ONLINE nach Hamburg. Jörg fährt vom 17. bis zum 19. Februar zur MODE-WOCHE nach München und vom 10. bis zum 13. März nach Düsseldorf zur IGEDO. Birgit fährt vom 13. bis zum 20. März zur CEBIT in Hannover. Jörg fährt vom 7. bis zum 9. April nach München zur MODE-WOCHE und vom 10. bis zum 14. April zur PELZMESSE in Frankfurt. Birgit fährt Ende April nach Nürnberg zur NOBA und Mitte Mai nach Dortmund zur COMPUTER-SCHAU.

1. Prost Neujahr!

a) 1D, 2B, 3A

b) 1 Eva und Hans: zu Hause feiern, (Sekt trinken), Streit bekommen, über Probleme diskutieren

2 Herr und Frau Sauer: zu Hause feiern, fernsehen, Sekt trinken, sich über den Krach aufregen

3 Familie Fröhlich: zu Hause feiern, mit Freunden feiern, Feuerwerk machen

4 Herr und Frau Lehmann: mit Freunden feiern, gut essen, groß ausgehen, tanzen, sich über den Service ärgern

c) 1 ... über ihre Probleme diskutiert und Streit bekommen.

2 Herr und Frau Sauer haben zu Hause gefeiert. Sie haben ferngesehen und (um 12 Uhr ein Glas) Sekt getrunken. Dann sind sie ins Bett gegangen, aber sie konnten nicht schlafen. Sie haben sich über den Krach (das Feuerwerk) aufgeregt.

3 Familie Fröhlich hat zu Hause mit Freunden gefeiert. Sie haben ein bisschen Feuerwerk gemacht.

4 Herr und Frau Lehmann sind mit Freunden groß ausgegangen. Sie haben gut gegessen und viel getanzt, nur über den Service haben sie sich geärgert.

d) 1 darauf, 2 darüber, 3 über, 4 Darüber, 5 dagegen, 6 nach, 7 für, 8 für, 9 über, 10 daran, 11 auf

2. Wachen Sie auf, Mann!

a) 2

b) a) 5S, b) 1S, c) 8 S, d) 4W, e) 3W, f) 10W, g) 13S, h) 2W, i) 6W, j) 9S, k) 14S, l) 11W, m) 12S, n) 7S

c) 1 könnten, 2 sollten, 3 müsste, 4 Könnten, 5 dürfte, 6 sollten, 7 dürften

d) Rat: 6, Vorschlag: 1, Aufforderung: 4 und 2, Vermutung: 3, 5 und 7

3. Ohne „Sportschau", da würde mir was fehlen

a) 1 Hitparade, 2 Lindenstraße, 3 Schwarzwaldklinik, 4 Magnum, 5 Tatort, 6 Report, 7 Die bleierne Zeit, 8 Sportschau, 9 Dingsda, 10 Scheibenwischer, 11 Golden Girls, 12 Tagesthemen, 13 Tennis (US Open)

b) Politik: Report, Tagesthemen

Unterhaltung: Hitparade, Dingsda, Scheibenwischer

Serien: Lindenstraße, Schwarzwaldklinik, Magnum, Golden Girls

Krimis: Magnum, Tatort

gute Filme: Die bleierne Zeit

Sport: Sportschau, Tennis (US Open)

c)

	Heinrich	Susanne	Walter
immer regelmäßig jedesmal	Lindenstraße	Sportschau Dingsda	Tennis
meistens oft fast immer	Golden Girls	Scheibenwischer	Politik Report
manchmal ab und zu	Schwarzwaldklinik Magnum	Tatort Serien	guter Film
selten kaum fast nie			Serien Krimis

d) 1 Heinrich mag gerne Serien. Er schaut sich jedesmal „Lindenstraße" und oft
„Golden Girls" an. „Schwarzwaldklinik" oder „Magnum" sieht er nur ab und
zu mal.

2 Susanne mag keine Serien, sie sieht sie nur ab und zu mal. Regelmäßig sieht sie
„Sportschau" und auch „Dingsda". „Scheibenwischer" guckt sie meistens.

3 Walter sieht Serien fast nie, auch Krimis sieht er sich kaum an. Er sieht meistens
politische Sendungen oder auch mal einen guten Film. Die Zusammenfassung
vom Tennis sieht er immer.

4. Ich wäre gerne mal unser Hund

a) 3

b) Paul: 1, 3;   Anna 4, 6;   Julia 2, 5

1 a, i;   2 f,k;   3 e,h;   4 c ;   5 b,g,j;   6 d

c) 1 Paul wäre gerne ein Hund. Wenn er ein Hund wäre, könnte er schlafen und fressen und
müsste nicht in die Schule gehen. Paul wäre auch gerne die Fußballmannschaft. Wenn er
die Fußballmannschaft wäre, (dann) würde er jeden Ball bekommen und alle Tore
schießen.

2 Anna wäre gerne die Lehrerin. Wenn Sie die Lehrerin wäre, (dann) würde sie die Aufgaben
(schon vor den Tests) kennen (und würde nur gute Noten schreiben). Anna wäre auch
gerne die Klingel: Dann würde sie ganz still sein, damit die Kinder länger Pause haben.

3 Julia wäre gerne ein Vogel. Wenn sie ein Vogel wäre, könnte sie überall hinfliegen und
(im Winter) in den Süden ziehen. Sie wäre auch gerne ihre Mutter. Wenn Sie ihre Mutter
wäre, könnte sie abends lange aufbleiben und fernsehen und müsste keine Hausaufgaben
machen. Aber dann müsste sie auch putzen, spülen, einkaufen und kochen.

4

1. Der Ökostar hat ein intelligentes Wäsche-Test-System

a) 2, 3, 5

b) A: Lavamax 2000, 4 (kg), 6 (Programme)
B: Ökostar, 45 (Minuten), 30 (Programme), 1400 (Umdrehungen)
C: Öko-Jet, 60 (Minuten), 1279,– (DM)

c) 1 ältesten, 2 höchsten, 3 längste, 4 wenigsten, 5 niedrigste, 6 geringer,
7 preiswerteste, 8 bessere (gute), 9 jetzigen, 10 niedrigere, 11 kürzere,
12 höhere, 13 größeres, 14 mehr, 15 höheren, 16 bessere, 17 teuerste,
18 sparsamste.

d) Der Ökostar hat die niedrigsten Verbrauchswerte, mit 45 Minuten die kürzeste Laufzeit und
mit 1400 Umdrehungen die höchste Schleuderleistung. Das Fassungsvermögen ist mit 5 kg
genauso groß wie beim Öko-Jet. Der Ökostar hat die meisten Programme und den höchsten
Bedienungskomfort: Er hat ein intelligentes Wäsche-Test-System und – wie der Öko-Jet –
ein Strom-Wasser-Stop-System.

2. Unser Cityblitz garantiert Mobilität

a) Bild C

b) zwei Räder, Handbremse, (Kofferraum), Fahrlicht, knapp 2m lang, geringes Gewicht, Rückspiegel (als Extra), günstiger Preis, schmaler Sitz

c) ja: 1, 3, 5, 8
nein: 2, 4, 6, 7

d) *...denn er braucht wenig Platz und keine Garage. Mit dem Cityblitz hat man keine Parkplatzprobleme. Der Cityblitz hat nur zwei Räder, aber genug Platz für einen Erwachsenen und 1–2 Kinder. Der Cityblitz hat keine Karosserie, schmale Sitze (ohne Rücklehne) und einen Kofferraum über dem Hinterrad. Zur Sicherheit hat er eine doppelte Handbremse, ein Fahrlicht und als Extra einen Rückspiegel. Er braucht kein Benzin, die Höchstgeschwindigkeit bestimmt der Fahrer. Der Cityblitz ist nicht teuer und braucht keine Versicherung. Jeder kann ihn leicht selbst reparieren.*

3. Zusammen wird Geld gespart

a) IDEA: 1, 2, 5;   andere Firma: 3, 4, (7);   Kunde: 6, 7, 8

c) *... bei uns geplant und von anderen Firmen für uns gebaut. Dabei werden gute, aber preiswerte Materialien verwendet. Alle unsere Produkte werden in unserer Prüfabteilung gründlich getestet (und dabei den verschiedensten Belastungen ausgesetzt).*
Trotzdem sind unsere Möbel nicht teuer, weil wir in hohen Stückzahlen produzieren. Unsere (exclusiven) Möbel werden nur in unseren eigenen Möbelhäusern verkauft. Die Möbel werden vom Kunden transportiert und montiert. Alle unsere Möbel können bei Nichtgefallen innerhalb von drei Monaten zurückgegeben werden.

4. ...

a) 2 (4)

b) Wohnung mit Nebenkosten: DM 1950,–;   Strom: DM 250,–;   Telefon: DM 150,–;
Versicherungen: DM 450,–;   Auto: DM 400,–;   Körperpflege: DM 150,–;
Zeitungsabo, Kino, Theater: DM 150,–;   Taschengeld Kinder: DM 120,–;
Taschengeld Vera: DM 400,–;   Taschengeld Herbert: DM 200,–;
Nahrungsmittel: DM 1000,–;   Kleidung: DM 500,–;   Ersparnis monatlich: DM 280,–

c) *... weniger Kosmetika und Kleider kauft, kann sie DM 300,- sparen. Wenn Herbert und Vera weniger Auto fahren, können sie beim Benzin DM 100,- sparen. Wenn Vera öfter mit Suppe zufrieden ist, kann Herbert DM 150,- bis 200,- vom Haushaltsgeld sparen. Wenn jeder nur ein Viertel seines Taschengeldes zurücklegt, kann die Familie DM 180,- sparen.*

d) 1 Flugpreis, 2 Bankkonto, 3 Kreditkarte, 4 Versicherungsbeiträge,
5 Körperpflege, 6 Kostenersparnis

5

1. Ich kenne kaum glückliche Ehen

a) Frau Kurz: geschieden, für die Ehe auf Zeit
Herr Malowski: unverheiratet, gegen die Ehe
Frau Lotschmann: verheiratet, für die Ehe

b) 2Kg, 3Ka, 4Kl, 5Mm, 6Mj, 7Mh, 8Me, 9Lk, 10Lc, 11Lf, 12Lb, 13Li

c) *...Sie meint, dass die Liebe oft nach einiger Zeit aufhört. Deswegen ist sie dafür, dass wir heiraten sollten, so wie wir eine Zeitschrift abonnieren oder eine Wohnung mieten, (also auf Zeit).*
Herr Malowski ist unverheiratet. Er ist nicht für die Ehe, auch nicht für kurze Zeit. Er genießt es, alleine zu leben, und hat keine Lust, ständig Streit zu haben. Er sagt, dass er mit einer Frau einfach nicht länger zusammen sein kann.
Frau Lotschmann ist verheiratet und für die Ehe. Sie findet, dass die Ehe die natürlichste und menschlichste Lebensform ist, und ist gegen ein Ehe-Abo. Sie meint, dass es doch nur natürlich ist, wenn man sich mal über den anderen ärgert oder mal einen Streit hat. Sie glaubt, dass man doch immer wieder miteinander reden kann, und meint, dass wir alle Probleme gemeinsam lösen können, wenn wir es nur ernsthaft versuchen.

2. Lotte kommt nicht ohne Heinz!

a) A

b) 2 Konstantin und Lina sind Großeltern von Felicitas. Sie sind die Eltern ihrer Mutter.

3 Heide ist die Tante von Felicitas. Sie ist die Schwester ihres Vaters.

4 Marianne ist die Tante von Felicitas. Sie ist die Schwester ihrer Mutter.

5 Petra ist eine Cousine von Felicitas. Sie ist die Tochter von Tante Marianne und Onkel Erwin.

6 Thomas ist der Onkel von Felicitas. Er ist der Bruder von Felicitas Mutter.

7 Peter ist der Sohn von Felicitas Cousine Petra. Er ist der Enkel von Tante Marianne und Onkel Erwin.

8 Ute ist eine Cousine von Felicitas. Sie ist die Tochter von Tante Marianne und Onkel Erwin, und die Schwester von Petra.

(9 Lotte ist die Großtante von Felicitas. Sie ist die Schwester von Großmutter Lina.)

c) *Hans ist der Sohn des Ingenieurs Friedrich Glück und der Apothekerin Emma Glück. Sein Vater ist 50 Jahre alt, seine Mutter ist 51. Hans ist 26 Jahre alt, Arzt und unverheiratet. Er hat einen Bruder und eine Schwester. Sein Bruder Otto ist ebenfalls unverheiratet, er studiert und ist 21 Jahre alt. Seine Schwester Gabi ist 24 Jahre alt und Verkäuferin. Sie ist mit dem 30 Jahre alten Elektriker Franz Mertens verheiratet.*

Seine Großeltern, die Eltern seiner Mutter, sind Heinrich und Erna Schulze. Heinrich ist Architekt, er ist 76 Jahre alt, seine Ehefrau ist 73 Jahre alt und Hausfrau. Sie haben zwei Kinder: Emma, die Mutter von Hans, und Lotte, die Tante von Hans. Tante Lotte ist Malerin und unverheiratet. Die Eltern von Friedrich Glück, dem Vater von Hans, Helene und Erich, sind schon tot, aber Friedrich hat noch einen Bruder, Johann Glück. Onkel Johann ist 55 Jahre alt und Kaufmann, seine Ehefrau, Tante Elisabeth, ist 44 Jahre alt und Hausfrau.

3. Du siehst doch, dass ich Zeitung lese!

a) höflich   aggressiv

/—/—/—/—/—/—/—/—/—/—/

X3   X2   X1

b +c) Dialog

	1	2	3
a)	S/u	S/n	S/n
b)	S/n	S/f	
c)	S/n	S/n	
d)	V/u	V/n	V/f
e)	S/u		
f)	V/a		
g)		S/f	
h)		S/f	
i)		V/n	
j)			S/n
k)			S/f
l)			V/f
m)			S/n
n)			V/f

d) Tochter: Mama, du wolltest mir doch bei den Mathe-Aufgaben helfen. Hast du jetzt Zeit?

Mutter: Hmhm... Du siehst doch, dass ich arbeite. Das muss doch nicht gleich sein, oder?

Tochter: Nein, nicht gleich, aber ich würde mich gerne nachher noch mit Beate treffen.

Mutter: Wann triffst du dich denn mit Beate?

Tochter: Bald, um vier Uhr. Bitte hilf mir doch gleich, es dauert ja nicht lange.
Du kannst doch nachher weiterarbeiten.

Mutter: Na gut. Was verstehst du denn nicht?

4. BeRnD und DieDeRich, die ungleichen Brüder

a) 1A, 2D, 3E, 4F, 5B, 6C, 7G

b) 1: hatten, war; 2: kam, teilten, gingen; 3: bekam, erhielt; 4: arbeitete, wurde, sprachen; 5: wollte, klappte; 6: versprach, erreichte, glaubte; 7: liefen … weg, gingen; 8 baute, konnte; 9 half, mussten, wurden; 10: gingen, forderten; 11: kam, musste, übernahm, verschwand

c) A: 1,4; B: 6,7,9,20; C 15,17; D: 2,5,8,16; E: 12,18; F: 11,19; G: 3,10,13,14

6

1. Anhaltend veränderlich

a) Azoren-Hoch; atlantisches Tief; Schönwetterperiode; viel Sonne; die Sonne scheint; wolkig oder auch bedeckt; Wetterumschwung; Regenschauer und Wärmegewitter; Wetterlage; bewölkt und kühl; feucht, aber nicht nass; Wetterbesserung; langanhaltende Schlechtwetterperiode; Temperaturen zwischen 10 und 35 Grad; Bodenfrost; schwache bis stürmische Winde aus Nord; meist klar; Frühnebel; die weiteren Aussichten; sonnig und trocken; regnerisch und kühl; schwankende Temperaturen

b) 1 atlantisches Tief, 2 kühle Meeresluft, 3 Azoren-Hoch, 4 Schönwetterperiode, 5 wolkig oder auch bedeckt, 6 Regenschauer, 7 heiß, 8 Wärmegewitter, 9 Temperaturen, 10 Tiefsttemperaturen, 11 (schwache bis stürmische) Winde, 12 Wetterbesserung

2. Bei diesem Wetter?

a) 1C, 2A, 3F, 4E, 5B

b) ins Schwimmbad gehen, Rad fahren, surfen gehen, im Stadtwald wandern, im Park spazieren gehen, eine Gartenparty feiern, im Haus feiern, mit dem Auto fahren, mit dem Zug fahren

c) 2 Obwohl das Wasser noch kühl ist, gehen sie surfen. Da das Wasser noch kühl ist, haben sie Schutzanzüge an.

    3 Es regnet (in Strömen). Trotzdem machen sie einen Spaziergang im Park, weil sie nicht den ganzen Tag zu Hause bleiben wollen.

    4 Obwohl es Gewitter geben soll, will Heinz eine Gartenparty feiern, denn er hat alles eingekauft und vorbereitet. Wenn es regnet, feiern sie im Haus weiter.

    5 Es gibt Nebel, deshalb fährt er mit dem Zug nach Stuttgart./ Da es Nebel gibt, fährt er nicht mit dem Auto nach Stuttgart.

d) 1b, 2a, 3a, 4b, 5a

3. Weimar, die Stadt mit Tradition

a) Herleshausen (alte Grenze), Eisenach (Wartburg), Buchenwald, Weimar, Arnstadt, (Herleshausen)

b) 2 e; 3 a,k; 4 g; 5 l; 6 b; 7 j,n; 8 d; 9 f; 10 c,o; 11 p; 12 h

c) 2 Bei Herleshausen verlief früher die Grenze, die Deutschland in zwei Staaten teilte.

    3 Bei Eisenach besuchen wir die Wartburg, die früher Sitz der Landgrafen von Thüringen war. Ein berühmter Bewohner war auch Martin Luther, der hier (Anfang des 16. Jahrhunderts) das Neue Testament übersetzte.

    4 Dann machen wir einen Besuch im ehemaligen Konzentrationslager Buchenwald, das 1937 von den Nationalsozialisten errichtet wurde.

    5 In Weimar besuchen wir das Goethehaus, in dem der Dichter viele Jahre gewohnt hat, und das heute das Goethe-Nationalmuseum beherbergt.

    6 Dann gehen wir zum Nationaltheater, in dem 1919 die Nationalversammlung tagte.

    7 Wir machen einen Spaziergang im Schlosspark, der im englischen Stil angelegt ist.

    8 Zum Abschluss besichtigen wir das Grüne Schloss, das im 16. Jahrhundert erbaut wurde und in dem heute die Thüringische Landesbibliothek untergebracht ist.

9 Auf dem Rückweg machen wir noch einen Abstecher nach Arnstadt, der ältesten Stadt Thüringens, die erstmals im Jahre 704 urkundlich erwähnt wurde. Wir gehen durch den mittelalterlichen Stadtkern, der noch erhalten, aber nur notdürftig restauriert ist.

4. Der Umwelt zuliebe...

a) 1D, 2C, 3A

b) Altpapier: 9x3; Kunststoff: Fernandez Lenz, Grünbär; umweltfreundliche Verpackung/ mit wenig Energie produziert/(fast) vollständig abbaubar: 9x3, Grünbär; kann rückstandfrei entsorgt werden/Recycling möglich: Fernandez Lenz; wenig Platz im Müll/ohne Giftstoffe: 9x3, Grünbär

c) 1 Recycling möglich
2 (fast) vollständig abbaubar
3 kann rückstandsfrei entsorgt werden
4 umweltfreundliche Verpackung
5 Giftstoffe

7

1. Mama, jetzt hör doch mal zu!

a) 1c, 2b

b) Auto überprüfen lassen; grüne Versicherungskarte besorgen; Wäsche waschen; Internationalen Krankenschein besorgen; Gepäckversicherung abschließen; Einkäufe machen; Geld wechseln; Reiseschecks besorgen; den Hund wegbringen; jemandem die Schlüssel geben; Blumen gießen; den Hund impfen lassen

c) 1 verlängern lassen müssen, 2 ein Visum zu beantragen, 3 einen Internationalen Krankenschein besorgen, 4 Medikamente und Pflaster kaufen, 5 eine Gepäckversicherung abschließen, 6 müssen Sie es impfen lassen, 7 Geld wechseln und Reiseschecks besorgen, 8 das Auto überprüfen lassen, 9 die grüne Versicherungskarte zu besorgen, 10 das Gepäck wiegen, 11 sollten Sie jemandem die Schlüssel geben, 12 die Blumen gießt, 13 sollten Sie Strom und Gas ausmachen und die Fenster und Türen schließen

2. Eine Katastrophe nach der anderen

a) 1A, 2H, 3E, 4B, 5C, 6I, 7G, 8D, 9F

b) 1C, 2F, 3G, 4H, 5F, 6G, 7C, 8A, 9G, 10D, 11B, 12G, 13B, 14F 15G, 16I, 17F, 18G, 19H, 20D, 21I, 22A, 23I, 24E, 25F, 26A, 27D, 28I

c) ... auf dem Flughafen übernachten. Als wir am Urlaubsort ankamen, mussten wir (vier Tage) auf das Gepäck warten. Außerdem hatten wir Ärger mit dem Hotelzimmer: (Unser Hotelzimmer war bereits belegt,) wir mussten das Hotel wechseln und bekamen schließlich nur ein lautes Zimmer (über einer Disco).
Wir sind nicht an den Strand gegangen, denn der Strand war schmutzig und viel zu voll.
Wir konnten deshalb nur im Swimming-Pool des Hotels baden.
Wir sind dann schließlich früher nach Hause zurückgefahren. Der Urlaub war so furchtbar, dass wir uns jetzt aufs Büro freuen!
Hochachtungsvoll
Egon Pechvogel

3. Nur weg hier – doch was dann?

a) Auswanderung, berufliche Möglichkeiten, Aufstiegsmöglichkeiten, (Un)freundlichkeit, Kosten, Wohnung, Informationen vom Konsulat, Urlaub im Wunschland, Freunde, Wunschträume, Verdienst, Sprache, Landschaft und Klima

b) a) 1R, b) 5F, c) 11N, d) 6R, e) 3R, f) 12N, g) 4F, h) 8R, i) 2R, j) 9F
k) 7R, l) 10F

c) 2 ..., ob die Familie gleich einverstanden war. 3 Er möchte wissen, was die Kinder dazu gesagt haben. 4 Er möchte von Frau Flüchtig wissen, warum sie das Thema Auswanderung interessiert. 5 Er fragt sie, was sie sich von Australien erhofft. 6 Er möchte von Herrn Rastlos wissen, ob Frau Flüchtig bessere berufliche Möglichkeiten in Australien hat.

7 Er fragt ihn, ob die Menschen dort freundlicher und hilfsbereiter sind als hier.   8 Er möchte wissen, welche Probleme er am Anfang hatte.   9 Er möchte von Frau Flüchtig wissen, wie sie sich über Australien informiert hat.   10 Er fragt sie, ob sie schon einmal in Australien war.   11 Er möchte von Herrn Neubeginn wissen, wohin er auswandern möchte. 12 Er fragt ihn, welche Fragen er an Herrn Rastlos hat.

d) Rudi Rastlos: *als Bauingenieur schon oft in Australien gearbeitet, Land hat ihm gut gefallen, hat schnell Freunde gefunden, Stelle in der Nähe von Sydney, eigene Farm mit viel Land und vielen Tieren, am Anfang Sprachschwierigkeiten, guter Verdienst, Leben sehr teuer, Wohnung/Haus schwer zu bekommen*

Frieda Flüchtig: *Krankenschwester, alleinstehend, unzufrieden mit dem Leben in Deutschland, keine Aufstiegsmöglichkeiten, Menschen hier unfreundlich und egoistisch, Filmbericht über Australien im Fernsehen gesehen, Informationsmaterial vom Konsulat*

Norbert Neubeginn: *arbeitsloser Literaturwissenschaftler, zur Zeit Taxifahrer und Übersetzer, möchte nach Kanada auswandern, hat dort studiert und mehrmals Urlaub gemacht, liebt Land, Natur und Klima*

4. Glücklich vereint unter einem Dach

a) 1c, 2b

b) Ossi über Wessi: 2, 4, 6, 8, 11, 12, 14, 16
   Wessi über Ossi: 1, 3, 5, 7, 9, 10, 13, 15, 17

c) geizig: 4;   rücksichtslos: 12;   geldgierig: 1, 2, 11;   unselbständig: 9;
   egoistisch: 4, 14, 16;   unwissend: 10;   faul: 5, 13;   undankbar: 7;   ungeduldig:3;
   arrogant: 8;   neidisch: 17;   besserwisserisch: 8

8

1. Sie hören Nachrichten

a) A3; B1; C4; D2

b) a)3,   b)1,   c)3,   d)1,   e)1,   f)4,   g)2,   h)2,   i)4,   j)2,   k)4,   l)2,   m)2,   n)1,   o)3,   p)3,
   q)1/4,   r)3,   s)3,   t)2,   u)4

c) 1h,   2d,   3e,   4g,   5m,   6c,   7a,   8k,   9l,   10i,   11b,   12j,   13f

2. Der Wähler hat gesprochen

a) 1c;   2b, f;   3e;   4a

b)

	Letzte Wahl vor 4 Jahren	Jetzige Wahl	Gewinne/ Verluste
Wahlbeteiligung	71,8%	70,2%	– 1,6%
CDU	49,0%	39,6%	– 9,4%
SPD	32,0%	29,4%	– 2,6%
Republikaner	1,0%	10,9%	+9,9%
FDP	5,9%	5,9%	±0
Die Grünen	7,9%	9,5%	+1,6%

c) Engel: 1, 2, 3;   Röhrig: 4, 5, 6, 7;   Braunmüller: 4, 5, 6

d) 1 Demokratie,   2 Landtagswahl,   3 Regierungspartei,   4 49%,   5 39,6%
   6 Landesregierung,   7 Ministerpräsident,   8 Bundesregierung,   9 Wahlergebnis,
   10 Wählerstimmen,   11 2,6%,   12 70,2%,   13 Bundesbürger,   14 System,
   15 Wahlkampf,   16 Wählerstimmen,   17 10,9%,   18 Landtag,   19 7,9%,   20 9,5%,
   21 Sitzverteilung,   22 Regierungsbildung,   23 5,9%,   24 Bündnispartner

3. Wie macht man aus vielen Hochhäusern eine Stadt?

a) Bild B

b) 1e, b;   2d, c;   3a, f;   4g, c

c) ja: 1,3,4,7,8,9,12   nein: 2,5,6,10,11

d) 1 von, 2 seit, 3 über, 4 für, 5 in, 6 mit, 7 zwischen, 8 aus, 9 für, 10 von, 11 mit, 12 vor, 13 mit, 14 in, 15 seit, 16 mit, 17 über, 18 mit, 19 ohne, 20 gegen, 21 mit, 22 mit, 23 von, 24 bis, 25 in

4. Kriminelle oder Rebellen?

a) 1c, 2b

b) böse Buben, Kindheitshelden, Outlaws und Underdogs, Verbrecher und Robin Hoods, Volkshelden, edle Rebellen, gefährliche Kriminelle, Sozialrebellen, arme Handwerker

c) Bürger: brav, reich, gut; Volk: arm, unglücklich; Polizei: käuflich, brutal; Kriminelle: brutal, gefährlich; Handwerker: arm, rechtlos

---

9

1. Oma hat einen Freund

a) ja: 3,4,6,9,11 nein: 1,2,5,7,8,10,12

b) *Karin interessiert sich für Oma. Karin spricht über Oma. Karin freut sich für Oma. Else schimpft über Oma. Else ärgert sich über Oma. Else regt sich über den Campingbus auf. Ernst schimpft über Oma. Ernst hat etwas gegen Otto. Oma hat sich in Otto verliebt. Oma spricht über Otto. Oma gibt Geld für einen Campingbus aus. Oma freut sich auf die Reise. Die Leute reden über Oma. Die Leute lachen über Oma. Die Leute sprechen über Oma. Otto hat sich in Oma verliebt.*

c) 1 freust, 2 Dich, 3 über, 4 mich, 5 beschwert/aufgeregt, 6 reden, 7 über mich, 8 Dich, 9 interessiert, 10 sich, 11 (ineinander) verlieben, 12 nachdenken, 13 über, 14 sprechen/reden, 15 mich hat, 16 über mich zu beschweren/ärgern (aufzuregen), 17 mich, 18 für, 19 interessiere, 20 denke, 21 an mich, 22 mich

d) 1b, 2a, 3a, 4b, 5a, 6b

2. Rentner-Service Trudi Hektik

a) Babysitter, Leseratten, Schulaufgabenhelfer, Schlangensteher und Platzhalter, Urlaubswohner, Feinschmecker- und Partyservice, jahreszeitlicher Fest-Service

b) 1 Schlangensteher und Platzhalter, 2 Leseratten, 3 (Der) Feinschmecker- und Partyservice, 4 (Der) jahreszeitliche Fest-Service, 5 Urlaubswohner, 6 Babysitter, 7 Schulaufgabenhelfer

c) Sie wollen Urlaub machen und wegfahren? Das ist nicht so einfach. Was soll aus Ihren Blumen und Pflanzen werden? Wollen Sie Ihren Hund ins Tierheim geben? Wer passt auf Ihre Wohnung auf? Unsere Urlaubswohner lösen dieses Problem. Sie geben Ihren Blumen und Pflanzen Wasser und gehen mit Ihrem Hund spazieren. Sie leeren Ihren Briefkasten und passen auf, dass nichts gestohlen wird. Und Sie? Sie brauchen sich keine Sorgen zu machen und können auch im Urlaub ruhig schlafen.

3. Was nun, Herr Bäum?

a) Rentenversicherung, Arbeitslosenversicherung, Pflegeversicherung, Krankenversicherung

b) ja: 1,3,5,6,8,9 nein: 2,4,7

c) 1a, 2b, 3f, 4j, 5d, 6c, 7g, 8h, 9e, 10k, 11i

4. Jetzt steh' ich hier – mutterseelenallein

a) Bild C

b) 1c, 1941; 2f, 1941; 3g, ? (zwischen 1942 und 1945); 4h, 1947; 5d, (1948);

+c) 6i, 1952; 7a, 1959; 8k, 1962; 9e, 1966; 10b, 1967; 11l, 1988; 12j,1991

d) *Heinrich und Bertha haben 1941 während des Krieges geheiratet, kurz bevor ihre Tochter Marianne geboren wurde. Einige Zeit später wurde ihr Sohn Egon geboren. Bis zum Sommer 1947 musste Bertha alleine für die Kinder sorgen, dann kam Heinrich (aus der Gefangenschaft) wieder nach Hause. Einige Zeit danach wurde Hänschen geboren. Nachdem sie viele Jahre (zu fünft) in einem Zimmer gewohnt hatten, zogen sie 1952 in ihre erste gemeinsame Wohnung. 1959 ging Marianne in die Staaten (und hat geheiratet). Weil es einen Streit gab, verließ auch Egon 1962 die Familie – danach haben sie nichts mehr von ihm gehört. Als sie*

1966 Silberne Hochzeit hatten, haben sie ihre erste Pizza beim Italiener gegessen. Sie haben nicht groß gefeiert, weil sie damals ein Haus bauten. 1967 konnten sie schließlich ins eigene Haus einziehen. Im Jahre 1988 starb Bertha, deshalb muss Heinrich die Goldene Hochzeit 1991 alleine feiern.

10

1. Geschichten vom Dichten

a) 1D, 2C, 3A, 4E, 5F, 6B

b) 1b, 2c, 3b, 4c, 5b, 6b, 7c, 8b

c) 1 Spesen, 2 Alter, 3 heim, 4 Dichter, 5 nicht/Morde/Sprüche, 6 leicht

d) *Jeden Tag trink ich Bier, denn es gibt nichts andres hier.*
Jeden Tag trink ich Wein, nur am Sonntag lass' ich's sein.
Jeden Tag trink ich Tee, bevor ich aus dem Hause geh'.
Das Leben ist ein Spiel, doch man gewinnt nicht viel.
Das Leben ist nur ein Traum – so kurz, man glaubt es kaum.
Das Leben ist ein Klavier, die Noten steh'n nicht auf Papier.
Das Leben ist wie ein See, im Winter bedeckt mit Eis und Schnee.
Das Leben ist eine der Sachen, die die meisten Probleme machen.
Das Leben ist ein Gedicht, aber es reimt sich nicht.
Jeder Mensch kann Reime machen, die andren Leuten Freude machen.
Jeder Mensch kann fröhlich sein, ganz egal, ob groß, ob klein.
Die deutsche Sprache ist nicht schwer, nur weiß ich nie: heißt's das, die, der?
Die deutsche Sprache mag ich gerne, drum fahr' ich jedes Jahr nach Herne.
Die deutsche Sprache mag ich nicht, drum geh' ich nie zum Unterricht.

2. Mein Motor zum Schreiben

a) 1b, 2d, 3c, 4a

b) ja: 1,3,4,6,8,9,11,13 nein: 2,5,7,10,12

c) *..., die Welt besser zu verstehen. Es ist für ihn nicht wichtig, seine Leser von seiner Meinung zu überzeugen – er will sie zum Nachdenken bringen und ihnen helfen, die Welt besser zu verstehen. Dabei schreibt er nicht über die schönen Dinge im Leben, sondern über Menschen mit Schwierigkeiten. Er weiß, dass Literatur nur wenig Einfluss auf die Gesellschaft hat. Ganz wichtig ist ihm, dass seine Literatur den Lesern Spaß macht. Er hat nicht viel freie Zeit: er schreibt meistens nachts oder vormittags, am Nachmittag schreibt er Briefe und telefoniert (mit Zeitungen und Verlagen). Oft fährt er zu Lesungen und nimmt an Diskussionen teil.*

3. Frühstück mit Marlowe

a) 2 und 4

b) „Ein Drink mit Bogart" von Frank Göhre – ein Ausflug in die Welt <u>des Films</u> und zugleich eine Rezeptsammlung für Genießer, eine Auswahl der <u>Lieblingscocktails</u> berühmter <u>Filmstars</u> von gestern und heute. Hier lernen Sie berühmte <u>Schauspieler</u> von einer anderen Seite kennen – im Mittelpunkt stehen ihre <u>Lieblingsdrinks</u>. Frank Göhre – selbst <u>Schauspieler und Hobby-trinker</u> – hat sich Hunderte von <u>Filmen</u> angesehen und stellt in seinem <u>Videofilm 30 leicht mixbare Cocktails</u> vor. Die Idee zu diesem originellen Projekt hatte er vor drei Jahren, als er <u>längere Zeit keinen Alkohol trinken durfte</u>. Dabei bemerkte er, dass in den meisten <u>Spielfil-men viele Cocktails getrunken werden</u> und fing an, die Rezepte zu sammeln und die <u>Cocktails selbst zu mixen. Der Videofilm</u> bringt kurze <u>Szenen aus Spielfilmen mit berühmten Schauspielern beim Cocktailtrinken in Bars, Kneipen und Restaurants</u> und zeigt, wie diese <u>Cocktails</u> gemacht werden. Wir können ihn allen Freunden <u>des Films und des Cocktails</u> wärmstens empfehlen.
Viel Spaß beim „<u>Drink mit Bogart</u>"!

c) Unser Tip des Monats:

„Frühstück mit Marlowe" von Frank Göhre – ein Ausflug in die Welt des Kriminalromans und zugleich eine Rezeptsammlung für Genießer, eine Auswahl der Lieblingsgerichte berühmter Krimihelden von gestern und heute. Hier lernen Sie berühmte Kriminalkommissare und Detektive von einer anderen Seite kennen – im Mittelpunkt stehen ihre Lieblingsgerichte. Frank Göhre – selbst Krimiautor und Hobbykoch - hat Hunderte von Krimis gelesen und stellt in seinem Buch 180 leicht nachkochbare Rezepte vor. Die Idee zu diesem originellen Projekt hatte er vor drei Jahren, als er eine Diät machte. Dabei bemerkte er, dass in den meisten Krimis viel gegessen wird und fing an, die Rezepte zu sammeln und nachzukochen. Das Buch bringt kurze Geschichten über die Krimiautoren und ihre Krimihelden beim Essen und zeigt, wie diese Gerichte gemacht werden. Wir können es allen Freunden des Krimis und der guten Küche wärmstens empfehlen.

Viel Spaß beim „Frühstück mit Marlowe"!

4. Hier muss jeder etwas mitnehmen

a) Frau Gabler: es geht

Herr Parasek: nicht gut

Herr Arm-Amatzki: gut

b) 1G, 2A, 3A, 4P, 5G, 6P, 7P, 8A, 9G, 10P, 11A, 12G, 13A, 14G, 15P, 16A, 17A

Hörtexte

Lektion 1

1. Der große Blonde mit den schwarzen Schuhen

Wunder: ... gut, Herr ... äh ... Herr Schön, vielen Dank dafür, dass Sie gekommen sind. Sie sind natürlich nicht der einzige Bewerber. Wir besprechen das jetzt und werden Sie in den nächsten Tagen anrufen. Die Telefonnummer haben wir ja ... ja, Frau Sonder? ... jawohl. Also dann, auf Wiedersehen.

Schön: Auf Wiedersehen, meine Damen, mein Herr, und noch einmal vielen Dank dafür, dass Sie mir die Gelegenheit gegeben haben, (mich hier vorzustellen...)

Wunder: Aber ja doch. Auf Wiedersehen, Herr ... äh ... Herr Schön.

Schön: Auf Wiedersehen.

Sonder: Auf Wiedersehen.

Wenig: Auf Wiedersehen, Herr Schön.

Wunder: Tja, da sind wir uns ja wohl einig: der Herr Schön, der kommt ja wohl kaum in Frage, der macht seinem Namen ja nun wirklich keine Ehre. Der wirkt doch viel zu gemütlich.

Sonder: Ja, ich finde ihn zwar ganz nett, aber er macht etwas langweilig. Außerdem ist er ein bisschen dick. Und die Beine? Ich weiß nicht, die sind etwas kurz, oder?

Wenig: Zu kurz? Das ist mir gar nicht aufgefallen. Ich finde ihn attraktiv. Und intelligent. Gut, er ist nicht besonders groß, aber bedenken Sie, die Durchschnittsgröße des deutschen Mannes (liegt bei ...)

Wunder: Aber wir wollen doch Bademoden fotografieren. Da sind die Beine schon wichtig, da hat Frau Sonder schon recht. Wie hieß doch gleich der hübsche Blonde am Anfang, der so nervös war?

Sonder: Der große Blonde, mit den schwarzen Schuhen? Ja, der sieht interessant aus. Ach ja, hier: Hugo Blass. Ein sportlicher Typ: groß, schlank, blond, lange Beine, ... also den kann ich mir gut in Badehose auf dem Surfbrett vorstellen.

Wenig: Na ja, zugegeben, er sieht gut aus. Sportlich, ja, und schön braun. Aber ist der nicht zu jung? Und er hat doch viel zu wenig Erfahrung als Model. Wenn der bei den Aufnahmen so nervös ist wie hier heute ... da wirkt Herr Schön doch professioneller: ruhig, einfach angenehm. Wir wollen doch keinen Supermann, damit kann sich doch der deutsche Durchschnittsmann nicht (identifizieren ...)

Sonder: Sie immer mit Ihrem deutschen Durchschnittsmann – das ist doch langweilig, das will doch keiner sehen. Da können wir ja gleich irgendeinen Dicken nehmen ... und die Aufnahmen dann (am Wolfgangsee) ...

Wunder: Nein, nein, Herr Wenig. Wenn wir Bademoden verkaufen, dann verkaufen wir auch Träume: In dieser Badehose wird aus einem kleinen, dicken, langweiligen, hässlichen, alten Durchschnittsmann der attraktive, große, schlanke, interessante Traummann, der jedes Frauenherz höher schlagen lässt. Ich fürchte, Ihre Ansichten über erfolgreiche Werbung sind hoffnungslos veraltet ...

2. Natürlich finde ich Mode interessant

Claudia: ... also im Anzug habe ich dich bis jetzt ja selten gesehen – eigentlich nur bei deiner Hochzeit.

Eduard: Ja, das stimmt, ich trage lieber sportliche Sachen. Anzüge sind nichts für mich, die sind mir zu unbequem. Dazu muss man ja auch immer noch ein Hemd mit Krawatte tragen, nee, das muss nicht sein.

Claudia: Tja, das musst du ja auch nicht unbedingt. Du kannst ja jeden Tag in Jeans zur Arbeit gehen, wenn du willst. Das ist ja bei deinem Job nicht so wichtig.

Eduard: Na ja, so stimmt das ja auch nicht. Es gibt schon Gelegenheiten, zum Beispiel bei Einladungen oder bei Konferenzen, da muss ich mir auch etwas Besseres anziehen – eine gute Hose, ein Hemd mit Pullover, oder auch mal einen Anzug mit Krawatte. Aber sonst, da hast du schon recht, sonst ziehe ich meistens Jeans an, egal ob im Büro oder in der Freizeit. Ganz im Gegensatz zu dir. Du bist ja immer schick angezogen.

Claudia: Na, jetzt übertreibst du (aber, ich ...)

Eduard: Aber sicher, bei dir stimmt doch immer alles. Schau dich doch an: Der Lippenstift passt zum Nagellack und zur Bluse, und die Handtasche zu den Schuhen und zum Gürtel, ... du siehst immer aus wie so ein Mannequin aus einer Modezeitschrift ...

Claudia: Mannequin, das ist doch Quatsch. Gut, wenn ich zur Arbeit gehe, ziehe ich schon schicke Sachen an. Ich finde, das gehört einfach dazu, wenn man viel mit Menschen zu tun hat. Aber wenn ich nur mal schnell einkaufen gehe, oder mit meinen Kindern auf den Spielplatz gehe, dann trage ich meistens auch nur Jeans und Pullover, und auch nicht immer Make-up.

Eduard: Aber Mode, das ist dir doch schon sehr wichtig. Du liest doch dauernd diese Zeitschriften, diese ANNELIESE oder HANNELORE oder wie die heißt ...

Claudia: ANNETTE, nur die ANNETTE, und die ist wirklich gut! Vor allem die Kochrezepte.

Eduard: Ach so, die Kochrezepte.

Claudia: Nein, natürlich finde ich Mode interessant. Ich informiere mich schon darüber, was gerade modern ist – aber ich kaufe nicht alles, nur weil es gerade Mode ist. Zum Beispiel Bermuda-Shorts, die finde ich schrecklich, die würde ich nie anziehen. Ich meine, dass der Stil der Kleidung zu mir passen muss. Und ich kaufe gerne Sachen, die ich lange anziehen kann, nicht nur für einen Sommer – und die dürfen dann auch teuer sein. Wichtig ist doch vor allem, dass ich mich wohl fühle ...

Eduard: Und dass die Farbe stimmt: möglichst Pink, notfalls auch Rot, immer auffällige, kräftige Farben, damit man dich nicht übersehen kann.

Claudia: Ja, das stimmt schon, meistens trage ich helle Sachen. Aber Schwarz mag ich auch gern, das ist prima, das kann man mit allem kombinieren, zum Beispiel (mit...)

Eduard: Mit Pink, jawohl. Sag mal, mir fällt auf, dass du auch die Haare immer verschieden trägst. Ist es denn auch wichtig, dass die Frisur zur Kleidung passt?

3. Und wie erkenne ich Sie?

Hoch: Ja, bitte?

Stapler: Ja, ehm, ja, guten Tag. Hier Stapler. Ehm, spreche ich mit Herrn Hoch?

Hoch: Ja, hier Hoch. Frau ... Stapler?

Stapler: Ja, Sie kennen mich nicht, ehm, noch nicht. Sie haben mir einen Brief geschrieben, auf die Kontaktanzeige im WOM, im Wochenmagazin.

Hoch: Oh ja, ja natürlich, der Brief, ja richtig. Dann sind Sie also die attraktive Mittvierzigerin?

Stapler: Nun ja, wie man halt so schreibt, nicht wahr? Ich gehe schon ganz gerne aus, ins Theater zum Beispiel, oder auch mal ins Kino ...

Hoch: Ah ja, äh ins Theater. Ja, nun ja ... Theater und Filme, das kommt doch auch immer im Fernsehen. Aber gut, klar, das kann man natürlich auch mal machen. Also ich, ich wandere ja sehr gerne. Jeden Sonntag geht's raus ins Grüne, am liebsten schon am Vormittag. Für mich gibt's nichts Schöneres als die Natur.

Stapler: Die Natur? Ja, ja natürlich. Ein kleiner Spaziergang, das mache ich auch manchmal. Und danach schön Kaffeetrinken.

Hoch: Ja, das stimmt. Mit gutem, hausgemachtem Kuchen ... meine Mutter hat immer einen tollen Apfelkuchen gebacken. Ja, wenn jemand gut backen kann, das ist schon was.

Stapler: Ja, Backen, das kostet halt sehr viel Zeit. Zu Ostern und zu Weihnachten, für die Kinder, natürlich. Aber sonst? Da gehe ich dann doch lieber ins Café.

Hoch: Café, ja sicher, warum nicht? Obwohl ... zu Hause ist es doch immer noch am gemütlichsten. Sie sagten „Kinder"? Die sind doch sicher schon aus dem Haus, oder?

Stapler: Ja, ja, schon lange, alle drei sind verheiratet. Fünf Enkel habe ich, da ist ganz schön was los, wenn die alle da sind.

Hoch: Aha, ja, nun da habe ich ja leider wenig Erfahrung, da kann ich nicht mitreden.

Stapler: Ja, richtig. Sie sind ja Junggeselle, Sie waren ja nie verheiratet.

Hoch: Nein, verheiratet nie. Aber seit letztem Jahr, seit dem Tod meiner Mutter, so ganz allein, das ist auch nicht schön.

Stapler: Ja, das kann ich gut verstehen. Wenn Sie wollen, können wir uns ja bald einmal treffen. Dann lernen wir uns persönlich kennen, und ...

Hoch: Ja, sehr gerne. Machen Sie doch einen Vorschlag, ich habe eigentlich immer Zeit – abends oder am Wochenende, meine ich.

Stapler: Wie wär's denn am nächsten Samstag, nachmittags, so gegen vier, sagen wir ... im Operncafé – das kennen Sie doch?

Hoch: Operncafé ... ja, das kenne ich. Und Samstag um vier, das passt sehr gut.

Stapler: Prima, dann sehen wir uns also am Samstag. Bis dann, Herr Hoch, auf Wiedersehen!

Hoch: Ja, ja, bis Samstag, Frau Stapler, auf – Halt, einen Moment, wie kann ich Sie denn erkennen? Gut, in der Anzeige steht ja „blond" und „schlank" ...

Stapler: Nun ja, eher dunkelblond ... eigentlich braun, und für mein Alter habe ich schon eine gute Figur, mit über fünfzig ... also, ich trage ein gelbes Kleid und einen dunkelblauen Hut. Und wie erkenne ich Sie?

Hoch: Ja, ich werde wohl einen Anzug tragen, ja, den braunen ... ja, einen braunen Anzug, weißes Hemd und Krawatte, genau. Und vielleicht eine Zeitung, jawohl, das WOM – also, ich werde das neue Wochenmagazin dabei haben.

Stapler: Brauner Anzug und WOM, das ist gut. Also dann, bis Samstag, Herr Hoch. Ich freue mich.

Hoch: Ja, bis Samstag dann. Um vier im Operncafé. Ich freue mich auch, Frau Stapler, bis dann. ... Attraktive Mittvierzigerin, blond und schlank, ... nun ja, sie klingt ja ganz nett. Aber gemeinsame Unternehmungen, das heißt ja wohl ausgehen. Und ausgerechnet das Operncafé? Muss es denn gleich das teuerste Café in der ganzen Stadt sein? Ob ich das bezahlen muss? Na ja, vielleicht ist sie ja auch emanzipiert und bezahlt ihre Sahnetorte selber.

4. Meiers gehen ins Theater

Willi: Wo ist denn die blaue Krawatte? Verdammt noch mal, in diesem Haus findet man ja auch gar nichts. Helga, ... Helga?

Helga: Welche Krawatte meinst du denn?

Willi: Na, die blaue mit den weißen Tupfen, die ich immer ins Theater anziehe.

Helga: Die habe ich weggeworfen. Die war so unmodern, die kannst du wirklich nicht mehr anziehen.

Willi: Was? Weggeworfen? Meinen Lieblingsschlips? Und welchen soll ich jetzt anziehen?

Helga: Komm, beruhige dich, Willi. Ich habe dir eine neue Krawatte gekauft, weiß mit blauen Tupfen, probier die doch mal, die hängt hier im Schrank.

Willi: Um Gotteswillen, du bist ja noch gar nicht angezogen. Und in zehn Minuten kommt das Taxi. Auch das noch.

Anna: Ich geh schon dran. Meier.

Willi: Das ist bestimmt für dich, wahrscheinlich deine Freundin Emma.

Anna: Mama, das ist für dich, Emma ist dran!

Willi: Hab' ich's nicht gesagt? Die hat uns jetzt gerade noch gefehlt! Anna, sag dieser Frau, dass deine Mutter jetzt keine Zeit hat.

Helga: Nein, nein, ich komme schon. Sie will sicher nur wissen, wann und wo wir uns morgen treffen.

Willi: Morgen treffen ... schon wieder? Die muss auch immer im unpassendsten Moment anrufen. Wegen der kommen wir jetzt zu spät zum Theater. Weiß mit blauen Tupfen, ... ach ja, hier ... na ja, auch nicht das Gelbe vom Ei. Helga, jetzt beeil dich, du mußt dich noch anziehen.

Helga: Ja, ja, ich bin ja gleich fertig, ich muss nur noch das Kleid anziehen. Welches soll ich denn anziehen? Das Grüne oder das Schwarze?

Willi: Zieh halt das Grüne an.

Helga: Ach nein, nein, das nicht, das macht mich so dick. Anna, schau doch mal nach deinem Bruder. Boris hat jetzt sicher Hunger. Gib ihm das Fläschchen und leg' ihn ins Bett ... Nein, ich ziehe das Schwarze an, das ist viel schicker, so richtig elegant, sonst hab ich ja nichts Gescheites fürs Theater. Hilf mir doch mal, machst du mir mal den Reißverschluss zu.

Willi: Zieh doch mal den Bauch ein – das geht nicht, du bist zu dick!

Helga: Aber natürlich geht das, sei doch nicht so ungeschickt!

Willi: So, da hast du's, jetzt ist es kaputt.

Helga: Oh nein, was soll ich denn jetzt machen? Ich habe doch sonst nichts zum Anziehen!

Willi: Zieh halt das Grüne an. Das ist das Taxi. Anna, sag dem Taxifahrer Bescheid, wir kommen gleich, falls deine Mutter heute noch mal fertig wird. Was ist denn mit Oskar los? Der bellt ja wie verrückt. War Anna heute abend schon mit ihm spazieren?

Helga: Ja, sicher, der war schon draußen, der bellt doch immer, wenn's klingelt ... Also in diesem Kleid, da sehe ich ja furchtbar aus.

Willi: Ach Unsinn, das geht schon. Hast du die Karten eingesteckt?

Helga: Die Karten? Ich? Wieso ich? Die wolltest du doch besorgen.

Willi: Ich? Das mit dem Theater war doch deine Idee! Haben wir jetzt etwa keine Karten?

Helga: Wenn du keine hast – nein. Na ja, ist ja auch nicht schlimm. Ich hab ja sowieso nichts Richtiges zum Anziehen.

Lektion 2

1. Deutsch allein ist ja schon schlimm genug ...

Vage: Also dann, auf Wiedersehen, Herr Pechvogel. Vielleicht überlegen Sie sich ja die Sache mit dem Lehrgang noch einmal. Eine solche Chance kommt so schnell nicht wieder ... Frau Wünsche?

Wünsche: Ja, das bin ich. Guten Tag, Herr ...

Vage: ... Vage, mein Name ist Vage – mit „V" und einem „A". Kommen Sie doch herein ... nehmen Sie Platz, ja hier, ja, was kann ich für Sie tun, Frau Wünsche?

Wünsche: Ja, ich bin Lehrerin, Realschullehrerin. Ich habe sehr gute Noten, aber die falschen Fächer – Deutsch und Geschichte. Und da habe ich ja (wenig Chancen ...)

Vage: Deutsch und Geschichte? Aber Frau Wünsche. Deutsch allein ist ja schon schlimm genug, aber auch noch Geschichte? Na ja, wollen wir mal sehen, es muss ja nicht unbedingt die Schule sein. Was haben Sie sich denn vorgestellt?

Wünsche: Nun ja, eigentlich wollte ich ja schon immer Lehrerin werden, aber zuerst durfte ich das nicht. Mein Vater wollte, dass ich eine Lehre mache – ich sollte nämlich das Geschäft übernehmen ...

Vage: Ach, Sie haben eine Lehre gemacht ...

Wünsche: Na ja, eigentlich nur angefangen: als mein Vater starb, nehm ich dann studieren – und jetzt möchte ich natürlich auch als Lehrerin arbeiten, das war schon immer mein Traum. Es muss ja nicht die Schule sein, vielleicht ja auch in der Wirt-

schaft oder in der Erwachsenenbildung.

Vage: Das kann ich gut verstehen. Andererseits, mit Ihren Fächern ist das auch dort nicht einfach. Und in der Erwachsenenbildung, nun ja, Unterricht geben können Sie da sicher, Deutsch für Ausländer zum Beispiel, aber das meistens auf Honorarbasis, feste Stellen gibt es da nur sehr selten. Sie suchen doch eine feste Stelle, oder?

Wünsche: Ja, sicher. Wenn man so lange eine Ausbildung (gemacht hat ...)

Vage: Na also. Aber mit Ihrer Ausbildung, da werden Sie sich vielleicht etwas umorientieren müssen, da können Sie sich nicht auf Lehrer versteifen, heutzutage muss man halt flexibel sein.

Wünsche: Ja, denken Sie da denn an Umschulung? Also eins sage ich Ihnen gleich: mit Computern und EDV habe ich nichts am Hut, für sowas bin ich völlig ungeeignet.

Vage: Aber nein, Frau Wünsche. Aber Sie können doch gut mit Menschen umgehen, Gespräche führen, Hilfen geben – das haben Sie doch gelernt in Ihrer Ausbildung.

Wünsche: Ja, natürlich, sicher, aber ...

Vage: Ich denke an eine feste Stelle. Ein krisensicherer Arbeitsplatz. Vielleicht kein Traumberuf, aber nicht uninteressant. Es handelt sich um eine beratende Tätigkeit ...

Wünsche: Also irgendwas verkaufen, Versicherungen oder so, das konnte ich noch nie. Ich musste immer im Geschäft helfen, und nie konnte ich es meinem Vater recht machen. Einmal (sollte ich ...)

Vage: Nein, nein, nein, keine Sorge, zu verkaufen gibt es da wenig. Wichtig ist vor allem Fingerspitzengefühl – Leuten auch in schwierigen oder hoffnungslosen Situationen Mut zu machen, sie aufzubauen und neu zu motivieren ...

Wünsche: Das klingt ja interessant. Woran denken Sie denn konkret?

Vage: Schauen Sie mich an, Frau Wünsche. Ja, genau, Berufsberatung, Frau Wünsche, eine Ausbildung zur Berufsberaterin beim Arbeitsamt. Nächsten Monat beginnt wieder ein Lehrgang, und es sind noch einige Plätze frei. Sehen Sie, Frau Wünsche, auch ich bin Lehrer und konnte keine Stelle bekommen – Deutsch und Politik, na ja, da brauche ich Ihnen ja nichts zu erzählen. Also dann, auf Wiedersehen, Frau Wünsche. Vielleicht überlegen Sie sich ja die Sache mit dem Lehrgang noch einmal. Eine solche Chance kommt so schnell nicht wieder ... Herr Unklar?

Unklar: Ja, das bin ich. Guten Tag, Herr ...

Vage: ... Vage, mein Name ist Vage – mit „V" und einem „A". Kommen Sie doch herein, bitte ...

2. Du kannst doch Karriere machen!

Jutta: ... und du arbeitest also bei einer Bank, Gabi? Das finde ich ja interessant. Ich überlege nämlich gerade, eine Banklehre zu machen, also eine Umschulung oder sowas.

Gabi: Was? Aber Jutta – Jutta stimmt doch, nicht? Du hast doch studiert, du bist doch Akademikerin, oder?

Jutta: Ja, mit Diplom, und arbeitslos. Soziologen will doch keiner haben.

Gabi: Was? Soziologie hast du studiert? Das ist ja wahnsinnig interessant, da beschäftigt man sich wenigstens mit den wirklich wichtigen Fragen in unserer Gesellschaft.

Jutta: Ach, ich weiß nicht. Spaß hat das Studium schon gemacht, aber vieles ist halt sehr theoretisch. Und irgendwann will ich auch mal Geld verdienen und einen sicheren Arbeitsplatz haben – so wie du.

Gabi: Und da willst du ausgerechnet zu einer Bank gehen. Also, ich wollte nach der Mittleren Reife eigentlich Abitur machen und studieren. Aber damals war gerade mein Vater gestorben, und ich musste möglichst schnell Geld verdienen. Und jetzt arbeite ich schon vier Jahre – nein, warte mal, erst 3 Jahre Lehre, dann 2 Jahre in der Filiale und die letzten 2 Jahre Devisenabteilung –, ja also, ich bin jetzt schon seit sieben Jahren bei der Bank, und langsam hab ich die Nase voll. Immer nur Zahlen, Zinsen und Termine, ständig Hektik und Stress – also ich hab keine Lust, das ewig so weiterzumachen.

Jutta: Aber dafür stimmt die Kohle – ich meine, du verdienst doch nicht schlecht, oder?

Gabi: Na ja, Geld, es gibt doch noch Wichtigeres im Leben als Geld: die Arbeit muss doch einen Sinn haben und Spaß machen. Bei der Bank, das ist doch langweilig, da verblödet man ja mit der Zeit total. Deshalb gehe ich auch seit einem Jahr aufs Abendgymnasium. Wenn ich mein Abitur nachgemacht habe, so in zwei Jahren, werde ich wahrscheinlich studieren – ich denke, Soziologie, das interessiert mich im Moment am meisten.

Jutta: Oh Gott, nein, ausgerechnet Soziologie. Wie du dir das vorstellst! Also, ich bin jetzt 28, und ich habe immer noch kein richtiges Geld verdient. 13 Jahre Schule, Abitur, dann 6 Jahre Studium, und jetzt sitze ich seit zwei Jahren an meiner Doktorarbeit und komme nicht richtig weiter. Gut, bei der Bank ist vielleicht nicht alles so interessant, aber du bleibst doch nicht immer am selben Arbeitsplatz. Du hast doch bestimmt Aufstiegschancen, du kannst doch Karriere machen.

Gabi: Karriere? Als Frau ist das immer noch ganz schön schwer, und mit meiner Ausbildung als Bankkauffrau ist da auch nicht viel drin. Als Abteilungsleiter und für die wirklich interessanten Stellen nehmen die doch nur noch Akademiker. Da kommen dann so Leute wie du, machen ein, zwei Jahre so ein Trainee-Programm, und fertig ist der neue Vorgesetzte. Nee, bei der Bank mach ich Schluss, ich muss mal was ganz anderes machen.

Jutta: Trainee-Programm? Das klingt ja interessant! Meinst du, da habe ich Chancen? An wen kann ich mich denn da wenden?

3. Karriere machen bei uns nur Frauen!

Jens: Compi KG, Schneider, guten Tag.

Uwe: Tag, Jens, hier ist Uwe, Uwe Berger, vom Tennisclub, du weißt schon. Du, ich habe mich doch bei euch auf diese Stelle als Assistent be-

worben – stell dir vor, heute kam die Einladung zum Bewerbungsgespräch.

Jens: Ist ja toll, herzlichen Glückwunsch! Da sind wir ja vielleicht bald Kollegen.

Uwe: Ja, ich hoffe ja auch, dass es klappt. Sag mal, kannst du mir denn ein paar Tips geben?

Jens: Aber sicher. Also über die Stelle weißt du ja Bescheid: Assistent bei der Direktion, bei der Chefin unserer Verkaufsabteilung, Frau Dr. Stark. Warum die jemanden sucht, weiß ich auch nicht. Die möchte am liebsten immer alles selber machen. Na ja, ein Assistent, das ist wahrscheinlich eine Prestigesache.

Uwe: Also ein ruhiger Job, nicht viel zu tun?

Jens: Oh nein, du musst dir dein Geld schon ganz schön schwer verdienen. Eine 5-Tage-Woche hast du da nicht, du wirst schon viele Überstunden machen müssen, abends oder samstags, das kannst du dir nicht aussuchen – für's Familienleben oder zum Tennisspielen bleibt da wenig Zeit.

Uwe: Hmmm, na ja, Stress und viel arbeiten, das macht mir nichts aus, das bin ich gewohnt. Wie steht's denn mit den Aufstiegsmöglichkeiten?

Jens: Also mit den Karrierechancen, für dich als Mann, da sieht nicht gut aus. Du wirst als Assistent eingestellt, und wirst es auch bleiben. Karriere machen bei uns nur Frauen, in der Geschäftsleitung sitzen nur Direktorinnen. Aber der Verdienst ist sehr gut, und die Sozialleistungen sind ausgezeichnet, das weißt du ja sicher.

Uwe: Ja, das klingt alles nicht uninteressant. Und als Assistent habe ich doch sicher Geschäftskontakte mit Kunden, mache Verträge, besuche Messen im In- und Ausland ... sowas macht mir schon Spass. Du weißt ja, ich arbeite am liebsten selbstständig.

Jens: Vorsicht, mein Lieber. Frau Dr. Stark sucht zwar eine dynamische Persönlichkeit, aber du bist nicht der Chef, sondern der Assistent der Chefin. Also keine Gespräche mit Kunden führen, sondern nur die Termine machen, nicht Verträge machen, sondern Verträge vorbereiten. Du kannst nichts selbstständig entscheiden, die Chefin bestimmt, was gemacht wird, sie hat immer das letzte Wort! Wenn du so arbeiten kannst, seid ihr ein perfektes Team.

Uwe: Oh je, das klappt bestimmt nicht. Als Chefsekretär, nein, das kann ich mir nicht vorstellen. Also je mehr ich darüber nachdenke ... ich glaube, ich werde erst gar nicht zum Bewerbungsgespräch gehen, das hat ja dann doch keinen Zweck.

Jens: Sei doch nicht so dumm! Willst du nicht mindestens hingehen und sie mal kennen lernen? Sie ist wirklich sehr nett! Aber natürlich, ich kann dich schon verstehen: schwer arbeiten, nichts bestimmen können, keine Chance, vorwärts zu kommen ... das solltest du dir schon gut überlegen.

Uwe: Da gibt es nichts mehr zu überlegen, aber vielen Dank für deine Auskunft. Es ist schon gut, wenn man solche Informationen vorher bekommt, die gibt einem ja niemand im Bewerbungsgespräch, sowas merkt man ja erst, wenn's schon zu spät ist. Ich suche halt weiter, es hat ja keine Eile bei mir. Also tschüs, bis bald mal wieder im Tennisclub.

Jens: Ja, tschüs, tut mir Leid, dass es nicht dein Traumjob ist, aber den wirst du schon noch finden. Also tschüs dann. … Na prima, das wäre geschafft. Schon der zweite Anrufer, den ich diese Woche „ganz privat" informiert habe. Wenn das so weitergeht, bin ich der einzige Bewerber, der übrig bleibt. Da wird die Stark aber Augen machen! Erst zwei Jahre Assistent, dann Verkaufsdirektor! Wäre doch gelacht, wenn ich die Stelle nicht kriegen würde …

4. Tendenz weiter fallend

Jörg: Reich' mir doch mal bitte das Salz, Schatz … danke. Sag mal, musst du unbedingt beim Frühstück Zeitung lesen?

Birgit: Hör mal, Jörg. Monti ist seit Montag um 25 Punkte gestiegen, ich glaube, die sollten wir kaufen.

Jörg: Aber Birgit, doch nicht schon beim Frühstück. Wir müssen doch wenigstens einmal am Tag ein bisschen Zeit für uns haben. Weißt du eigentlich, wann wir das letzte Mal zusammen Urlaub gemacht haben?

Birgit: Aber sicher. Weihnachten '90, in Australien. Mit Zwischenstopp in Singapur. Wo ich mir den Laptop gekauft habe, den Pushiba. Apropos Pushiba: minus 50, und das in einer Woche, Tendenz weiter fallend. Die sollten wir unbedingt verkaufen!

Jörg: Jetzt reicht's aber. Ich glaube, wir müssen dringend mal wieder wegfahren und ein bisschen Zeit für uns haben.

Birgit: Keine schlechte Idee, aber dann sollten wir für nächstes Jahr gleich etwas ausmachen, sonst gibt es wieder Terminprobleme.

Jörg: Also nun im Januar geht's nicht: vom 5. bis 7. bin ich auf der BIJOU-TEX in München und danach in Düsseldorf, auf der PRECIOSA. Dann muss die Herbstkollektion fertiggemacht werden. Aber Anfang Februar, das geht.

Birgit: Aber Schätzchen, da ist doch die ONLINE. 5. bis 8.2. in Hamburg. Aber danach, ja, das wäre möglich.

Jörg: Keine Chance. Am 17. Februar beginnt die Mode-Woche in München, und anschließend muss ich wahrscheinlich nach Mailand fahren. Und im März ist dann die IGEDO in Düsseldorf. Die geht bis zum 13. März, danach können wir los.

Birgit: Ab 13. März bin ich in Hannover, und zwar volle 8 Tage. Und mit der CEBIT ist immer viel zu tun, da kann ich auch nicht weg. Wie sieht's denn im April bei dir aus?

Jörg: Oh, nein, nicht im April. Da sind zwei Messen, direkt hintereinander: erst wieder die Mode-Woche, München, vom 7. bis 9., und gleich am nächsten Tag die Pelzmesse in Frankfurt, die geht bis zum 14. April. Aber danach habe ich etwas Luft, der Mai ist frei. Das ist doch ein schöner Urlaubsmonat.

Birgit: Völlig unmöglich: Ende April ist die NOBA in Nürnberg, und Mitte Mai die COMPUTER-SCHAU in Dortmund. Also so hat das keinen Zweck, und außerdem muss ich jetzt ins Büro.

Jörg: Und unser Urlaub? Ich sehe schon, das wird auch nächstes Jahr wieder nichts.

Birgit: Kopf hoch, Schätzchen, vielleicht klappt's ja doch irgendwann mal. Weißt du was? Ich werde nachher meine Sekretärin bitten, deine Sekretärin anzurufen – vielleicht finden die ja einen Termin für uns.

Lektion 3

1. Prost Neujahr!

(1)

Eva: Prost Neujahr, mein Schatz. Alles Gute im Neuen Jahr.

Hans: Dir auch, Eva, alles Gute. Und dass alles klappt, was wir uns wünschen. Ich habe mir jedenfalls einiges vorgenommen fürs neue Jahr.

Eva: Ach, du und deine Vorsätze, das wird doch nichts. Letztes Jahr wolltest du nicht mehr rauchen und etwas für deine Gesundheit tun. Dann hast du zwei Wochen nicht geraucht und bist einmal ins Schwimmbad gegangen, und das war's dann.

Hans: Na, und du? Du wolltest mich nicht ständig kritisieren und an mir herumnörgeln. Dabei beschwerst du dich dauernd über mich, und wunderst dich dann, wenn wir Krach kriegen.

Eva: Herumnörgeln? Ich glaube, ich habe gute Gründe, mich über dich aufzuregen. Wenn ich mit dir über etwas sprechen will, hörst du meistens gar nicht richtig zu. Du interessierst dich überhaupt nicht für meine Probleme. Nie hast du Zeit für mich, du denkst immer nur an dich und deine Arbeit.

(2)

Fröhlich: Ei, guten Tag, Frau Sauer. Schönes Neues Jahr erstmal. Wie haben Sie denn Silvester gefeiert?

Sauer: Sehr ruhig. Ich hab mit meinem Wilhelm ferngesehen, und um 12 haben wir dann ein Gläschen Sekt getrunken, ganz gemütlich. Na ja, und dann sind wir früh ins Bett, so um halb eins, aber wir konnten ja nicht schlafen. Diese Knallerei – bis 3 Uhr haben wir wachgelegen, Frau Fröhlich! Und was das für ein Geld kostet!

Fröhlich: Na ja, ein bisschen Feuerwerk, einmal im Jahr, das ist doch ganz schön. Wir haben diesmal ein paar Freunde eingeladen und auch ein paar Raketen und Kracher gekauft, schon wegen der Kinder, die freuen sich doch schon seit Wochen darauf.

Sauer: So, na ja, wir geben jedenfalls dafür kein Geld aus. Wissen Sie, mein Wilhelm sagt immer, wer das Geld so in die Luft schießt, der hat zu viel davon …

(3)

Lehmann: Frohes Neues Jahr, Herr Kollege.

Schlicht: Das wünsche ich Ihnen auch, Herr Lehmann. Waren Sie denn wieder Ski fahren über die Feiertage?

Lehmann: Ach nein, diesmal nicht. Wir haben ein paar gemütliche Tage zu Hause verbracht, aber Silvester sind wir mit einem befreundeten Ehepaar groß ausgegangen: Silvesterball im Annabella, mit allem Drum und Dran.

Schlicht: Na so was, da hätten wir uns ja beinahe getroffen! Da wären wir auch gerne hingegangen, aber wir haben keine Karten mehr bekommen. Wie war's denn?

Lehmann: Die haben wirklich viel geboten fürs Geld: erst ein großes Büffet – ganz ausgezeichnet, vor allem die Salate. Dann eine tolle Show mit internationalen Künstlern – wir haben Tränen gelacht über die Clowns – und danach Tanz bis zum frühen Morgen. Es hat uns sehr gut gefallen, nur über den Service haben wir uns etwas geärgert: Wir mussten immer stundenlang auf den Kellner warten, der hat sich überhaupt nicht für uns interessiert. Aber sonst war's wirklich gut. Und Sie? Was haben Sie denn dann gemacht?

2. Wachen Sie auf, Mann!

Schwatzer: Nun, Herr Winzig, worüber wollen wir denn sprechen? Haben Sie etwas Aktuelles? Oder wieder Probleme im Beruf, die Angst vorm Chef und vor den Kolleginnen? Wir könnten auch noch einmal auf die schwierige Beziehung zu Ihrer Frau Mutter zurückkommen?

Winzig: Diese Entscheidung sollten Sie treffen, Sie sind ja der Experte. Aber mit Mama müsste wieder alles in Ordnung sein. Wir haben uns gestern Abend einmal so richtig ausgesprochen und alle Probleme gelöst: Jetzt mag sie mich wieder.

Schwatzer: Jetzt mag sie Sie wieder … ah ja. Könnten Sie mir mehr darüber erzählen?

Winzig: Na ja, ich habe ihr von Fräulein Sittsam erzählt – Sie wissen schon, die junge Dame aus dem Waschsalon, in die ich mich ein bisschen verliebt habe. Und ich habe Mama versprochen, Fräulein Sittsam einmal zum Tee zu uns nach Hause mitzubringen.

Schwatzer: Sie zum Tee mitbringen? Sie wollen wirklich, dass Ihre Frau Mutter Fräulein Sittsam kennen lernt? Das dürfte aber wieder Krach geben, wie damals bei Fräulein Scheu.

Winzig: Ja, wenn ich Fräulein Scheu damals nicht eingeladen hätte, wäre ich vielleicht heute mit ihr verheiratet. Das war wirklich nicht nett von Mama, so über mich zu sprechen und meine kleinen Fehler so zu übertreiben.

Schwatzer: Sehen Sie, Sie können Ihrer Mutter nicht trauen. Deshalb sollten Sie keinesfalls …

Winzig: Andererseits: Wenn Mama nicht so böse gewesen wäre, wäre ich ihr nicht untreu geworden …

Schwatzer: Untreu? Wachen Sie auf, Mann, Sie sind der Sohn Ihrer Mutter, nicht ihr Liebhaber!

Winzig: … dann wäre ich nicht in den Waschsalon gegangen. Und wenn ich nicht in den Waschsalon gegangen wäre, hätte ich Fräulein Sittsam nie kennen gelernt.

Schwatzer: Ja, ja, der Waschsalon, die Hemden selber waschen, allein und ohne Hilfe Ihrer Mutter den Alltag organisieren, selbstständig werden, neue Menschen kennen lernen, Frauen kennen lernen – so sollten Sie weitermachen, das ist der richtige Weg.

Winzig: Ja, ja, schon, da dürften Sie Recht haben. Aber was soll ich machen? Ich will Mama doch nicht verlieren, also musste ich es ihr versprechen.

Schwatzer: Versprechen? Was mussten Sie ihr versprechen?

Winzig: Na ja, halt nicht mehr in den Waschsalon zu gehen. Sie darf jetzt meine Hemden wieder waschen, ich glaube, das hat ihr wirklich gefehlt. Aber nur, wenn sie nett zu Fräulein Sittsam ist. Wirklich ganz besonders nett und freundlich, das musste sie mir in die Hand versprechen.

Schwatzer: Aber, aber … so geht das doch nicht. Sie müssen die Dinge realistisch sehen. Sie müssen sich von Ihrer Mutter lösen, sonst … einen Moment … ja, was ist denn, ich wollte doch nicht gestört werden … oh, Mama, du bist es, … aber nein, kein Damenbesuch, ein Klient … ja, Mama … nein, ich habe es nicht vergessen … ja, natürlich komme ich pünktlich zum Abendessen …

3. Ohne „Sportschau", da würde mir was fehlen

Walter: … und am Wochenende hatte ich wieder Dienst. Es ist schon ganz schön besch… Ah, da kommt ja der Heinrich.

Heinrich: Guten Abend …

Walter: Grüß dich, mein Lieber.

Susanne: Hallo, Heinrich.

Heinrich: Tut mir leid, dass ich etwas spät komme, aber ich habe gerade noch ferngesehen.

Susanne: Was gab's denn? Du schaust dir doch nicht die „Hitparade" an, oder?

Heinrich: Nein, Susanne, nicht die „Hitparade", ich habe „Lindenstraße" gesehen, die sehe ich mir doch jedes Mal an. Letzten Sonntag ging's nicht, und mittwochs wird doch immer die neue Folge im Dritten wiederholt.

Walter: Ach komm, sowas guckst du dir regelmäßig an? Also Serien sehe ich fast nie, die finde ich so langweilig.

Heinrich: Nun ja, „Schwarzwaldklinik" oder „Magnum" oder sowas … nun ja, ab und zu mal. Aber die „Lindenstraße" finde ich schon interessant … Ein großes Pils, bitte.

Susanne: Apropos interessant, ich hab mir am Sonntag mal wieder den „Tatort" angeschaut, den gucke ich manchmal, „Schimanskis Waffe" oder so ähnlich – also die werden immer schlechter, war doch 'ne total unglaubwürdige Geschichte, und der Schimanski hat auch immer die gleichen Sprüche drauf.

Walter: Krimis sehe ich mir kaum an. Wenn ich überhaupt fernsehe, dann meistens informative Sendungen, zum Beispiel gestern abend „Report", das sehe ich fast immer. Oder auch manchmal einen guten Film … habt ihr denn am Sonntag den Trotta-Film gesehen? Der war ganz toll.

Heinrich: Ja, „Die bleierne Zeit", den kannte ich schon von früher aus dem Kino.

Susanne: Also Serien mag ich nicht so, die sehe ich nur ab und zu mal. Aber es gibt schon Sendungen, die ich regelmäßig anschaue, zum Beispiel samstags die „Sportschau". Ohne „Sportschau", da würde mir was fehlen. Und „Dingsda", das sehe ich immer mit den Kindern. Und den Hildebrandt, den sehe ich auch meistens, ach ja, morgen kommt ja wieder „Scheibenwischer".

Heinrich: Also eine Serie mag ich noch ganz gern. Kennt Ihr „Golden

Girls"? Das schaue ich mir oft an, das ist Spitze, kann ich euch nur empfehlen – jeden Freitag nach den „Tagesthemen".

Walter: Also Leute, ich weiß gar nicht, wo ihr die Zeit hernehmt, um so viel fernzusehen. Ich hab jedenfalls kaum Zeit dafür. – So, ich glaube, ich muss jetzt gehen. War mal wieder ein netter Abend.

Susanne: Was, du gehst schon, Walter? So früh?

Walter: Ja, ich muss doch morgen schon sehr früh zur Arbeit, und außerdem wollte ich mir noch Tennis anschauen, es laufen doch gerade die US Open, da gibt's um 11 die Zusammenfassung, die schaue ich mir immer an, wenn's geht. Also tschüs, kommt gut heim ...

4. Ich wäre gerne mal unser Hund

Anna: Heute Nacht hatte ich einen ganz komischen Traum: Ich war Bello, unser Hund. Ich konnte nicht mehr sprechen, nur noch bellen. Und meine Mutter hat mich gesucht und immer zu mir gesagt: „Bello, wo ist Anna, such-such." Und ich wollte es ihr erklären, aber konnte nur bellen, und sie hat gesagt: „Blöder Hund." Da hab ich vielleicht Angst bekommen!

Paul: Wieso Angst, Anna? Ich glaub', ich wäre gerne mal unser Hund. Der hat's doch gut, der kann schlafen und fressen und spazieren gehen, wann er will, und der muss nicht in die Schule.

Julia: Das stimmt, aber dann wärest du auch oft alleine zu Hause. Ich wäre gerne ein Vogel, dann könnte ich überall hinfliegen. Fliegen stelle ich mir ganz toll vor. Und im Winter würde ich in den Süden ziehen, wo es schön warm ist...

Paul: Ich wäre gerne unsere Fußballmannschaft.

Anna: Wieso, du spielst doch Fußball.

Paul: Ja, aber ich meine alle elf, ich wäre gerne die ganze Mannschaft. Dann würde ich jeden Ball bekommen und alle Tore schießen.

Anna: Ich wäre gerne unsere Mathe-Lehrerin, dann würde ich schon immer vor den Tests die Aufgaben kennen und würde nur gute Noten schreiben.

Julia: Ich wäre gerne meine Mutter. Dann könnte ich abends lange aufbleiben und fernsehen. Und keiner würde sagen: „Julia, es ist Zeit. Julia, auf ins Bett!" Ihr könntet mich jeden Nachmittag besuchen, und ich müsste keine Hausaufgaben machen.

Paul: Aber dann müsstest du immer putzen und spülen und einkaufen und kochen. Würde dir das Spaß machen, Julia?

Julia: Nö, dann wär ich, glaub ich, doch lieber ich. *(Pausenklingel)* Mist, jetzt ist die Pause schon wieder zu Ende. Jetzt haben wir Mathe, und ich habe die Hausaufgaben nicht gemacht. Jetzt wäre ich doch gerne meine Mutter, auch wenn ich kochen müsste.

Anna: Ich wäre jetzt gerne die Klingel. Dann würde ich ganz still sein, damit die Kinder länger Pause haben.

Lektion 4

1. Der Ökostar hat ein intelligentes Wäsche-Test-System

Erwin: Also Erna, welche Maschine willst du denn jetzt? Auswahl gibt's ja genug.

Erna: Ja, ich weiß auch nicht ... Ist denn hier niemand? Hallo, junger Mann ... Ja, jetzt kommt er.

Verkäufer: Guten Tag, die Herrschaften, Sie interessieren sich für Waschmaschinen?

Erna: Ja, genau, was können Sie mir denn da empfehlen? Also mit unserer alten Maschine, da hab ich nur noch Ärger, die geht sicher bald kaputt. Die Wäsche wird gar nicht richtig sauber, die kommt immer so feucht aus der Maschine, und dann läuft die Maschine so laut, hab ich dann zu meinem Mann gesagt ...

Verkäufer: Ja, also dann wird es sicher Zeit für eine neue Maschine. Also, wenn Sie Wert auf Laufruhe und niedrigen Wasser- und Stromverbrauch legen, dann kann ich Ihnen eigentlich nur den Ökostar empfehlen, das ist die sparsamste und ruhigste Maschine auf dem Markt, eine bessere werden Sie nirgends finden. Mit insgesamt 30 Programmen, es gibt 20 Normal-, 4 Spar- und 6 Kurzprogramme. Und dabei mit höchstem Bedienungskomfort. Sie müssen nur noch Wäsche und Waschmittel einfüllen und auf den Startknopf drücken, alles andere geht dann automatisch. Der Ökostar hat ein intelligentes Wäsche-Test-System und wählt selbständig Programm, Temperatur und Wassermenge, passend für Ihre Wäsche – da wird das Waschen zum Vergnügen. Und schnell geht's auch, im Normalprogramm ohne Vorwäsche dauert nur 45 Minuten. Und dann die Schleuderleistung, der Ökostar macht 1400 Touren, da kommt die Wäsche fast trocken aus der Maschine. Und das bewährte Strom-Wasser-Stop-System schützt vor unangenehmen Überraschungen, es schaltet automatisch alles ab, wenn irgendetwas nicht in Ordnung ist.

Erna: Das klingt ja toll. Meinst du nicht auch, Erwin?

Erwin: Ja, ja, aber was kostet die denn?

Verkäufer: Nun, der Ökostar ist unser Spitzenmodell, und hohe Qualität hat nun mal ihren Preis: 1 949 Mark, inklusive Transport und Montage natürlich. Aber wenn Sie überlegen, wie viel Wasser und Strom Sie langfristig sparen, dann ist das für Sie günstiger als so manches Billiggerät.

Erwin: Nun ja, trotzdem, ganz schön teuer. Was ist denn mit der Maschine da drüben? Die mit dem Schild „Super-Sparpreis"?

Verkäufer: Nun ja, das ist unser Sonderangebot, der Lavamax 2000, ein älteres Modell für nur 4 Kilo Trockenwäsche, das wird jetzt nicht mehr gebaut. Aber eine sehr zuverlässige Maschine, die gründlich und sauber wäscht, mit einer hohen Lebensdauer. Sie entspricht natürlich nicht dem neuesten technischen Stand, die Verbrauchswerte für Strom und Wasser liegen halt doch weit über dem, was heute machbar ist. Leise ist sie auch nicht gerade, mit dem Ökostar überhaupt nicht zu vergleichen. Sie

schleudert nur mit 500 Touren, die Wäsche kommt also recht feucht aus der Maschine und muss länger getrocknet werden. Und auch der Komfort – sie hat halt nur 6 Programme. Nun ja, dafür kostet sie jetzt als Sonderangebot auch nur noch 729 Mark, im Prospekt steht sie noch mit 849 Mark. Sie müssen sich aber schnell entscheiden, von diesen Billiggeräten haben wir jetzt schon nur noch zwei Stück.

Erna: Also Erwin: laut, hoher Verbrauch und feuchte Wäsche – das haben wir jetzt schon mit der alten Maschine, dazu brauchen wir uns keine neue zu kaufen. Also ich weiß nicht, der Ökostar ist natürlich...

Erwin: Was ist denn mit der Maschine da drüben? Da steht doch auch was mit Öko drauf.

Verkäufer: Ja, das ist der Öko-Jet, auch nicht schlecht, und viel preiswerter als der Ökostar. Aber natürlich in allen Punkten wesentlich besser als der Lavamax. Die Verbrauchswerte bei Wasser und Strom sind fast so niedrig wie beim Ökostar. Der Öko-Jet ist allerdings etwas lauter und hat mit ca. 60 Minuten eine etwas längere Waschzeit. Er hat auch das Strom-Wasser-Stop-System, aber natürlich nicht das neue Wäsche-Test-System mit automatischer Programmwahl, das hat nur der Ökostar. Aber für den Preis von 1 279 Mark ist der Öko-Jet sicher auch eine gute Wahl.

Erwin: Also auch ein Gerät, das Sie empfehlen können?

Verkäufer: Selbstverständlich.

Erwin: Was meinst du denn, Erna?

Erna: Also, ich weiß nicht, die beste Maschine ist doch der Ökostar, oder?

Verkäufer: Selbstverständlich.

Erwin: Ich glaube, wir sollten uns das nochmal überlegen. Haben Sie denn einen Katalog, damit wir uns alles zu Hause noch einmal in Ruhe ansehen können?

Verkäufer: Selbstverständlich. Hier, bitte, das ist unser Prospekt mit den Beschreibungen.

Erwin: Vielen Dank. Können wir denn auch telefonisch bestellen?

Verkäufer: Selbstverständlich. Sie müssen dann nur die Bestellnummer aus dem Prospekt angeben.

Erwin: Gut. Also, Sie hören dann von uns.

2. Unser Cityblitz garantiert Mobilität

Hastig: Meine Damen und Herren, ich melde mich hier direkt vom Frankfurter Messegelände, live von der IAA, der Internationalen Automobilausstellung, die auch diesmal wieder einige Überraschungen zu bieten hat. Eine der Sensationen dieser IAA möchte ich Ihnen heute vorstellen: den Cityblitz der Firma Citymobil – eine originelle Antwort auf die Verkehrsprobleme in unseren Städten, ein revolutionäres Konzept gegen Staus, Abgasgestank und fehlende Parkplätze. Frau Schnieke, Sie sind Pressesprecherin der Firma Citymobil, was ist denn nun das Neue an Ihrem Cityblitz?

Schnieke: Ja, wenn Sie mich so fragen: eigentlich alles. Unser Cityblitz garantiert Mobilität unter allen Umständen. Das erfordert natürlich ein radikales Umdenken: So haben wir die Zahl der Räder auf zwei reduziert, auf

eine Batterie und den sowieso meist überflüssigen Reservereifen verzichtet, und bieten nur noch Platz für einen Erwachsenen und – bei Bedarf – ein bis zwei Kinder. Unsere Untersuchungen haben gezeigt, dass Autos im Stadtverkehr mit durchschnittlich 1,3 Insassen besetzt sind – wir liegen also hier voll im Trend.

Hastig: Da ist Ihnen sicherlich ein sehr kompaktes Fahrzeug gelungen, auch der von allen Seiten zugängliche Kofferraum ist Platz sparend über dem Hinterrad angebracht, und die Länge von knapp zwei Metern ist ja gerade im Stadtverkehr sehr angenehm beim Einparken.

Schnieke: Richtig, mit dem Cityblitz gehören Parkprobleme der Vergangenheit an. Sie können ihn überall abstellen, ohne Parkgebühren zu zahlen oder Strafzettel fürchten zu müssen. Sein geringes Gewicht ermöglicht es Ihnen sogar, den Cityblitz einfach mal kurz über ein Hindernis hinwegzuheben oder sogar Treppen zu überwinden. Und als Garage können Keller oder Wohnung dienen.

Hastig: Und wie steht es mit der Sicherheit? Auf eine schützende Karosserie wurde ja weitgehend verzichtet, der Scheibenwischer fehlt, und auch ein Bremspedal sucht man vergebens.

Schnieke: Wir haben alles getan, um ein Optimum an Sicherheit zu gewährleisten. Denken Sie nur an die doppelte Handbremse, getrennt für Vorder- und Hinterrad, an die geschwindigkeitsabhängige Lichtstärke des Fahrlichts und an das übersichtliche Cockpit: freie Sicht nach allen Seiten, der Fahrer kann sich voll und ganz auf die Straße und den Verkehr konzentrieren. Und für ganz Vorsichtige gibt es ja noch als Extra einen Rückspiegel.

Hastig: Nun gut – aber wie sieht es denn mit den technischen Daten aus? Leistung, Höchstgeschwindigkeit, Verbrauch, das interessiert unsere Zuhörer natürlich auch.

Schnieke: Nun, auch hier haben wir neue Wege beschritten: Die Höchstgeschwindigkeit ist fahrerabhängig, und auch der Verbrauch ist individuell unterschiedlich hoch – vor allem aber ist die Palette möglicher Kraftstoffe breiter geworden.

Hastig: Das müssen Sie, glaube ich, unseren Zuhörern noch etwas näher erklären.

Schnieke: Nun, der Cityblitz selbst hat keinen Tank, betankt wird der Fahrer, und hier kommen eigentlich alle festen und flüssigen Kraftstoffe in Frage – Sie tanken einfach, was Ihnen schmeckt, wann und wie Sie wollen.

Hastig: Aber so viele Vorteile haben doch sicher ihren Preis. Ist denn der Cityblitz für Otto Normalverbraucher noch erschwinglich?

Schnieke: Aber sicher, der Cityblitz ist in der Anschaffung das günstigste von allen hier gezeigten Fahrzeugen, die laufenden Kosten fallen kaum ins Gewicht, eine Versicherung ist nicht nötig, es gibt kaum Pannen, und fast alle Reparaturen können Sie selbst durchführen – auch wenn Sie kein KFZ-Mechaniker sind.

Hastig: Tja, meine Damen und Herren, das klingt überzeugend, auch wenn das Fahren im Regen ohne ein Dach über dem Kopf und auf einem schmalen Sitz ohne Rücklehne vielleicht gewöhnungsbedürftig ist. Vielen Dank, Frau Schnieke, vielen Dank Ihnen zu Hause für Ihr Interesse, ich gebe zurück ins Funkhaus …

3. Zusammen wird Geld gespart

Er: Immer wieder werden wir von unseren Kunden gefragt:
Sie: Warum kann IDEA eigentlich gute Möbel so preiswert anbieten?
Er: Da sage ich dann immer: „Ganz einfach – weil bei uns alles getan wird, um Ihr Zuhause zu verschönern und Ihren Geldbeutel zu schonen."
Sie: Und wie geht das?
Er: Alle neuen Möbel werden bei uns im Hause geplant. Unnötig teure Materialien und aufwendige Konstruktionen gibt es also bei uns nicht.
Sie: Ja, gehen die dann nicht schnell kaputt?
Er: Aber nein, Qualität wird bei uns ganz groß geschrieben. Alle unsere Möbel werden gründlich getestet, dabei werden sie von Maschinen automatisch viele tausendmal gedrückt und gepresst und starken Belastungen ausgesetzt. Nur Möbel, die unsere Prüfabteilung nicht kaputt gekriegt hat, finden Sie in unserem Angebot.
Sie: Aber Qualität kostet doch viel Geld – oder?
Er: Unsere Möbel werden von anderen Firmen in hohen Stückzahlen für uns produziert, und zwar dort, wo die Kosten am niedrigsten sind. Dort werden sie dann in möglichst kleine Pakete gepackt – das spart Kosten für Lager und Transport. Und verkauft werden sie nur in unseren eigenen Möbelhäusern außerhalb der Städte, dort, wo es nicht so teuer ist. Und Sie – Sie helfen uns natürlich auch, die Möbel so preiswert anzubieten.
Sie: Ich? Wieso?
Er: Nun, die Möbel werden von unseren Kunden ausgesucht, abgeholt und nach Hause transportiert. Das spart wieder Transportkosten. Natürlich können die Möbel auch von einem Transportunternehmen zu Ihnen nach Hause gebracht werden, das kostet dann halt extra. Und die Montage brauchen Sie auch nicht zu bezahlen, die Möbel werden ja von Ihnen selbst zusammengesetzt – keine Angst, das ist nicht schwierig!
Sie: Und was mache ich, wenn mir die Möbel nicht gefallen? Oder wenn etwas fehlt oder kaputt ist?
Er: Alles kein Problem: Alle bei uns gekauften Möbel können innerhalb von drei Monaten zurückgegeben werden. Sie können also in Ruhe prüfen, ob Sie mit unseren Möbeln zufrieden sind. Alles klar?
Sie: Alles klar: Einen Teil mache ich, einen Teil macht IDEA, und zusammen wird Geld gespart. Also darum kann IDEA gute Möbel so preiswert anbieten!

4. …

Herbert: Aber ein solcher Sommerurlaub auf den Kanarischen Inseln, für die ganze Familie, so wie du dir das vorstellst, Vera, ist wirklich ganz schön teuer. Martin und Anna sind ja jetzt älter, da müssen wir diesmal für vier Personen den vollen Flugpreis bezahlen. Ich glaube, das können wir uns

nicht leisten.
Vera: Nicht leisten? Bei meinem Gehalt? Aber Herbert! Jeden Monat bringe ich 6000 Mark nach Hause, das ist ja nun nicht gerade wenig. Wenn wir uns damit keinen Urlaub leisten können, dann musst du halt mehr beim Haushaltsgeld sparen. Du hast doch fast das ganze Geld zur Verfügung, mir bleiben doch nur 400 Mark als Taschengeld, das ist ja nun wirklich nicht viel.
Herbert: Aber immer noch doppelt soviel wie mein Taschengeld. Sparen beim Haushaltsgeld? Wie stellst du dir das denn vor? Weißt du eigentlich, was das Leben heute kostet? Wann warst du denn das letzte Mal im Supermarkt, Vera? Du kennst doch nur die teuren Boutiquen, wo du deine Kleider kaufst – und das geht dann ja auch von unserem Bankkonto runter. Das merkst du nur nicht, weil du immer mit deiner Kreditkarte zahlst. Und die ganzen teuren Kosmetika, da könnten wir sicher auch etwas sparen.
Vera: Du weißt ganz genau, dass ich im Büro gut angezogen sein muss – schließlich muss ich die Firma repräsentieren. Und überhaupt: Ich verdiene das Geld, du gibst es aus, und jetzt soll ich noch sparen. Das ist ja wohl die Höhe!
Herbert: So, jetzt reicht's mir aber! Glaubst du denn, ich schmeiße das Geld zum Fenster raus? Weißt du eigentlich, was wir jeden Monat an festen Kosten haben? Dann pass mal auf: Alleine die Wohnung kostet mit Nebenkosten 1950 Mark, dazu kommen noch 250 Mark für Strom und mindestens 150 Mark Telefon. Dann haben wir Versicherungsbeiträge von 450 Mark, und das Auto kostet auch mindestens 400 Mark. Für Seife, Cremes usw. geben wir mindestens 150 Mark aus – bei der Körperpflege ist das Teuerste ja gerade gut genug für dich …
Vera: Für mich? Und was ist mit deinem Rasierwasser und deinem Deo?
Herbert: … und etwa genauso viel brauchen wir für die Zeitungsabonnements, Kino, Theater usw.. Und dann natürlich das Taschengeld für die Kinder, nochmal 120 Mark. Das sind feste Kosten von … Moment, ja, jetzt mache ich's ganz genau, von 3620 Mark, dein und mein Taschengeld noch nicht gerechnet und gegessen haben wir dann auch noch nichts.
Vera: Bleiben ja immer noch knapp 2000 Mark. Du willst mir doch nicht allen Ernstes erzählen, dass wir für 2000 Mark im Monat speisen?
Herbert: Haha, 2000 Mark, dass ich nicht lache! Wenn du mal einen Blick in unser Haushaltsbuch werfen willst – aber bitte. Dann siehst du, dass wir in der letzten Zeit nur 1000 Mark im Monat für Essen und Getränke gebraucht haben. Und frag mich nicht, wie ich das gemacht habe, schließlich musste ich davon auch den Champagner und den Hummer für die Dinnerparties mit deinen diversen Geschäftsfreunden bezahlen. Und sonst: Täglich Fleisch und Gemüse, das ist halt teuer. Nur mit Suppe bist du ja auch nicht zufrieden.
Vera: Also gut, Herbert, aber sind dann nicht immer noch mehr als 500 Mark übrig, die wir sparen können?

Herbert: Selbstverständlich, wenn du im nächsten Jahr auf neue Kleider und Kostüme verzichtest, ergibt sich eine Kostenersparnis von 300 Mark. Kleidung für die Kinder und mich kostet maximal 200 Mark im Monat, aber im Moment geben wir 500 Mark dafür aus. Und die paar Mark, die im Moment jeden Monat übrig bleiben, die sparen wir ja sowieso schon für besondere Anschaffungen, für neue Möbel, ein neues Auto oder halt für den Urlaub.
Vera: Ach so, ja, dann sparen wir ja schon etwas. Wie viel haben wir denn dann schon für den Urlaub?

Lektion 5

1. Ich kenne kaum glückliche Ehen

Blindblau: Guten Abend, meine Damen und Herren, ich begrüße Sie hier auf der Terrasse. Sind wir eigentlich noch fähig zu dauerhaften Beziehungen? Bestimmt die Ex- und Hopp-Mentalität unserer Wegwerfgesellschaft inzwischen auch die Formen unseres Zusammenlebens? Untersuchungen zeigen, dass inzwischen mehr Ehen durch Tod oder Scheidung enden als neue geschlossen werden. Die Zahl der Ein-Personen-Haushalte hat sich in den letzten 20 Jahren verdoppelt – die Singles sind auf dem Vormarsch – ist die Ehe also nur noch eine Einrichtung auf Zeit, eine begrenzte Periode des Zusammenlebens? Frau Kurz, in Ihrem Buch „Das Partner-Abo – Plädoyer für die Ehe auf Zeit" vertreten Sie ja wohl diese Meinung. Aus eigener Erfahrung?
Kurz: Ja, ich selbst bin geschieden, und die meisten meiner Freundinnen und Bekannten auch. Ich kenne kaum glückliche Ehen, die wirklich ein Leben lang halten und in denen sich beide Partner wohl fühlen. Aber alle versprechen sich am Anfang der Ehe lebenslange Treue, und alle haben ein schlechtes Gewissen und glauben versagt zu haben, wenn das nicht klappt. Man sollte ehrlicher zu sich selbst und zum Partner sein! Oft hört halt die Liebe nach einiger Zeit auf, man reagiert dann aggressiv aufeinander, kritisiert den Partner ständig, ärgert sich nur noch. Bei einer Ehe auf Zeit könnte man dann problemlos auseinandergehen, so wie wir eine Zeitschrift abonnieren oder eine Wohnung mieten für einen bestimmten Zeitraum, z.B. für fünf Jahre. Mit der Möglichkeit einer Verlängerung, wenn wir uns gerne mögen, aber auch mit festen Kündigungsfristen, wenn wir uns nicht mehr leiden können.
Blindblau: Also ein Ehe-Abonnement für ein paar Jahre. Wäre das denn für Sie attraktiv, Herr Malowski? Sie sind ja nicht nur ein berühmter Fußballspieler und einer der begehrtesten Junggesellen der Nation, sondern – sehr zum Leidwesen Ihrer weiblichen Fans – auch ein überzeugter Single, der niemals heiraten will. Könnte denn ein Ehe-Abo Ihre Einstellung ändern?
Malowski: Aber das bringt doch nichts. Da ist man dann doch auch

wieder gebunden. Nein, nein, ich bin nicht für die Ehe, auch nicht für kurze Zeit, ich brauche meine Freiheit. Ich lebe sehr gerne alleine, da kann ich machen, was ich will. Als Single muss ich mich über niemanden ärgern und hab meine Ruhe. Ständig Streit haben – das ist mir viel zu anstrengend. Und außerdem brauche ich bei der Liebe Abwechslung, öfter mal was Neues, ich kann mit einer Frau einfach nicht länger zusammen sein. Schließlich trage ich ja meine Klamotten auch nicht lebenslang.
Blindblau: Frau Lotschmann, Sie beklagen seit Jahren die steigenden Scheidungsziffern und den allgemeinen Verfall von Anstand und Moral. Sie sind Mutter von drei inzwischen erwachsenen Kindern und seit fast 30 Jahren verheiratet. Ehe auf Zeit, wie es Frau Kurz fordert, oder gar ein Leben als Single mit ständig wechselnden Partnern wie bei Herrn Malowski, war das für Sie nie eine Alternative?
Lotschmann: Nein, nie. Ich halte die Ehe für die natürlichste und menschlichste Lebensform. Ständiger Partnerwechsel, da bin ich dagegen, und ein Ehe-Abo, das ist doch völliger Unsinn, das heißt ja, ein Paar glaubt von Anfang an, dass es nicht funktioniert. Während der ersten Ehejahre ist es doch nur natürlich, wenn man sich mal über den anderen ärgert oder mal einen Streit hat, man kennt sich ja noch nicht so gut. Aber man kann doch immer wieder miteinander reden oder sich entschuldigen, wenn man einen Fehler gemacht hat. Vor Schwierigkeiten einfach davonzulaufen, das hilft doch nicht weiter. Wir können alle Probleme gemeinsam lösen, wir müssen es nur ernsthaft versuchen.
Blindblau: Nun, meine Damen und Herren, hier prallen ja drei völlig unterschiedliche Meinungen aufeinander, das verspricht eine interessante Diskussion zu werden. Aber bevor wir weitermachen, erstmal ein paar Takte Musik. Zu Gast auf der Terrasse heute die „Treue-Combo", eine Gruppe, die schon seit 20 Jahren erfolgreich zusammen ist.

2. Lotte kommt nicht ohne Heinz!

Felicitas: Jetzt komm doch mal, Hans! Wir müssen die Gästeliste für die Hochzeit besprechen. Schließlich heiraten wir ja schon in vier Monaten!
Hans: Gästeliste? Wieso Gästeliste? Wir laden halt alle ein, unsere Freunde und die Familien natürlich. So viele sind das doch nicht, oder?
Felicitas: Naja, ich habe ja schon mal mit meiner Familie angefangen. Und das sind schon 27 Personen, wenn alle kommen.
Hans: Wie bitte? 27? Aber Felicitas, wir wollten doch insgesamt nicht mehr als ungefähr 40 Leute einladen. Ich wusste gar nicht, dass du eine so große Familie hast. Wer ist das denn alles?
Felicitas: Nun, meine Eltern natürlich, und dann Tante Heide, Großvater Kurt und Großmutter Johanna, dann …
Hans: Moment mal – Kurt? Und Johanna? Ich denke, deine Großeltern heißen Konstantin und … Lina?
Felicitas: Aber Hans! Konstantin und Lina sind die Eltern meiner Mutter, die

laden wir natürlich auch ein. Kurt und Johanna sind die Eltern meines Vaters, und Tante Heide ist ...

Hans: ... die Schwester deines Vaters, jawohl, ich weiß, die kenne ich. Na gut, wenn die kommt, ist wenigstens was los – aber das sind doch nur ... fünf. Wer kommt denn noch?

Felicitas: Tante Marianne mit ihrem Mann Erwin ...

Hans: Moment mal, ist das etwa die Schwester deiner Mutter? Die mit diesem schrecklich lauten und verwöhnten Bengel?

Felicitas: Ach Hans, ein 4jähriger Junge ist halt lebhaft. Und außerdem ist Peter nicht der Sohn von Tante Marianne, sondern ihr Enkel. Seine Mutter ist meine Cousine Petra. Die habe ich natürlich auch eingeladen, sie ist doch seit kurzem geschieden und kommt sicher gerne. Aber sie muss den kleinen Peter natürlich mitbringen. Und meine Cousine Ute, die Schwester von Petra, wird auch kommen – mit ihrem Mann Ulrich.

Hans: Na gut, von mir aus, aber das sind dann noch nicht mehr als ... zehn, zwölf Leute.

Felicitas: Ich bin ja auch noch nicht fertig. Dann will ich noch Thomas einladen ...

Hans: Ach so, ja, dein Cousin. Ja, der muss auch kommen, der ist ja sehr nett, und ...

Felicitas: Nicht Cousin – Thomas ist mein Onkel, auch wenn er kaum älter ist als wir. Und er kommt natürlich nur zusammen mit Wolfgang. Aber das ist ja noch nicht sicher, vielleicht sind die beiden ja auch noch in Spanien.

Hans: Ach, das wäre schade. Aber sonst? Sonst gibt es doch keine Onkel und Tanten mehr, oder?

Felicitas: Naja, meine Mutter sagt, wir müssen noch Tante Lotte einladen, meine Großtante. Die Schwester von Oma Lina.

Hans: Na gut, eine Person mehr oder weniger, das ist ja egal.

Felicitas: Lotte kommt nicht ohne Heinz! Wenn wir Lotte einladen, müssen wir auch Heinz einladen. Du weißt doch, ihren Freund. Und natürlich ihre drei Töchter – mit Ehemännern.

Hans: Wieso? Das ist doch wirklich etwas übertrieben. Du musst doch nicht immer gleich noch Gast die gesamte Familie mit einladen.

Felicitas: Aber bei Lotte schon. Ich war auch immer bei den Hochzeiten ihrer Kinder eingeladen. Tja, fünf Enkel hat Lotte inzwischen, und die sind noch ziemlich klein, die kommen wohl auch mit. Ein Glück, dass deine Familie nicht so groß ist, Hans! Lass' uns doch mal überlegen: also deine Eltern natürlich, und deine beiden Brüder. Der Franz wird natürlich mit seiner Frau Gabi kommen. Und dein Onkel Anton ...

3. Du siehst doch, dass ich Zeitung lese

(1)

Peter: Papa, du wolltest mir doch helfen, mein Fahrrad zu reparieren.

Vater: Hmm!

Peter: Papa, können wir das jetzt machen? Bitte, Max kommt nachher und holt mich zum Fahrradfahren ab.

Vater: Hmm, ja, ja, ja, gleich. Du siehst doch, dass ich Zeitung lese.

Peter: Oh Mann, Papa, jetzt hilf mir doch mal schnell. Max kommt doch gleich!

Vater: Verdammt nochmal, kann man denn nicht mal sonntags in Ruhe die Zeitung lesen? Und überhaupt, wer hat dir erlaubt, am Sonntag mit Max Fahrrad zu fahren?

(2)

Peter: Papa, du wolltest mir doch helfen, mein Fahrrad zu reparieren.

Vater: Hmm!

Peter: Papa, können wir das jetzt machen? Bitte, Max kommt nachher und holt mich zum Fahrradfahren ab.

Vater: Hmm, ja, ja, gleich. Du siehst doch, dass ich Zeitung lese.

Peter: Papa, bitte, du kannst doch nachher weiterlesen. Max kommt doch gleich, und es dauert ja nicht lang.

Vater: Nervensäge! Was ist denn überhaupt kaputt an deinem Fahrrad?

Peter: Das Rücklicht funktioniert nicht richtig, der Lenker steht schief, und ich kann die Schrauben nicht loskriegen ... .

(3)

Peter: Papa, du wolltest mir doch helfen, mein Fahrrad zu reparieren. Wann können wir das denn machen?

Vater: Du siehst doch, dass ich Zeitung lese. Das muss doch nicht gleich sein, oder?

Peter: Nein, das nicht, aber ich würde gerne nachher mit Max Fahrrad fahren.

Vater: Wann holt Max dich denn ab?

Peter: Nach dem Mittagessen, so gegen halb zwei.

Vater: Na, dann haben wir ja noch Zeit, dann kann ich ja noch in Ruhe die Zeitung lesen. Es ist doch nicht viel kaputt, oder?

Peter: Nein, nein, das geht ganz schnell, wenn du mir hilfst. Das Rücklicht funktioniert nicht richtig, der Lenker steht schief, und ich kann die Schrauben nicht loskriegen ...

4. BeRnD und DieDeRich, die ungleichen Brüder

Es waren einmal zwei Brüder, BeRnD und DieDeRich, die eine große, aber sehr kranke Firma hatten. Fast alles war kaputt: Die beiden Brüder mussten ganz von vorne anfangen und die Firma wieder neu aufbauen. Schon bald kam es zu einem großen Streit über die richtige Geschäftspolitik. DieDeRich suchte und fand seine Geschäftspartner im Osten, und BeRnD suchte und fand seine Geschäftspartner im Westen. Während BeRnD nur wenig ändern und möglichst viel erhalten wollte, wollte DieDeRich möglichst viel ändern und nur wenig erhalten.

Deshalb teilten sie die Firma auf, und jeder ging seines Weges. BeRnD hatte Glück: Er bekam den größeren Teil der Firma und viel Geld und Hilfe von seinen Geschäftsfreunden. Er krempelte die Ärmel hoch, spuckte in die Hände, packte an und baute auf. Schon bald ging es der Firma besser, und nach ein paar Jahren sprachen alle Leute von einem „Wirtschaftswunder" in BeRnDs Firma. Seine Leute wurden reicher und reicher und dicker und dicker. Und wenn sie mal unzufrieden waren, dann schimpften sie los: Sie konnten zwar nicht viel ändern, aber alles und jeden kritisieren.

DieDeRich hatte Pech: Er bekam den kleineren Teil der Firma und niemand half ihm. Im Gegenteil: Er musste noch alte Rechnungen bezahlen und die Firma völlig neu organisieren. Auch er krempelte die Ärmel hoch, spuckte in die Hände, packte an und baute auf, aber alles war sehr mühsam und dauerte viel länger. Auch seiner Firma ging es nach einiger Zeit etwas besser, aber von einem „Wirtschaftswunder" konnte keine Rede sein. Die Leute in DieDeRichs Firma mussten zwar nicht hungern, aber reich und dick wurden sie auch nicht. „Warum geht es uns nicht auch so gut wie denen dort drüben?", fragten sie. – DieDeRich versprach allen Leuten in seiner Firma immer wieder, dass es ihnen bald viel besser gehen würde als den Leuten in der Firma seines Bruders. Er machte viele und große Pläne, aber die funktionierten alle nicht richtig. Immer mehr Leute waren unzufrieden, aber niemand durfte das laut sagen. Kritisieren und Schimpfen waren nicht erlaubt. Und als immer mehr Leute keine Lust mehr hatten, für DieDeRich zu arbeiten, und wegliefen, um bei BeRnD zu arbeiten, baute er einfach eine große Mauer um die Firma, damit niemand mehr weglaufen konnte.

Aber das half nichts: Die Leute konnten zwar nicht mehr weg, aber sie wurden immer unzufriedener: Sie sahen, wie gut es den Leuten in BeRnDs Firma ging, und das wollten sie auch haben. Als bei einigen Geschäftsfreunden von DieDeRich die Geschäftsleitung abgesetzt und die Organisation radikal geändert wurde, gab ihnen das neuen Mut: Sie gingen auf die Straße, forderten den Rücktritt der DieDeRich-Geschäftsleitung und schließlich die Vereinigung der beiden Firmen. Laut riefen sie erst: „Wir sind die Firma" und dann „Wir sind eine Firma", und schon bald war es soweit: Die Mauer wurde abgerissen, BeRnD übernahm die Geschäftsleitung in DieDeRichs Firma, und DieDeRich verschwand und wurde nie mehr gesehen.

Und wie das alles weiterging, welche Politik die neue große Firma von BeRnD machte, und ob alle zufrieden waren – das ist eine andere Geschichte, die erzähle ich euch beim nächsten Mal.

Lektion 6

1. Anhaltend veränderlich

... Soweit die Nachrichten. Und nun zum Wetter: Der Kampf zwischen einem Azoren-Hoch und einem ausgeprägten atlantischen Tief bestimmt weiterhin das Wetter in Mitteleuropa. Bitte sehen Sie doch jetzt zunächst einmal aus dem Fenster. Je nachdem, wie das Wetter zur Zeit bei Ihnen ist, ergeben sich folgende Aussichten: Wenn es jetzt bei Ihnen regnet, so besteht Hoffnung auf Besserung. Wahrscheinlich folgt eine Periode wechselhaften Wetters, oder aber auch direkt eine Schönwetterperiode mit viel Sonne und Temperaturen bis zu 30 Grad und darüber. Wenn aber bei Ihnen die Sonne scheint, dann könnte es wechselhaft werden, wolkig oder auch bedeckt, aber noch trocken. Doch auch ein völliger Wetterumschwung mit Regenschauern und Wärmegewittern liegt im Bereich des Möglichen. Hat Ihnen der Blick aus dem Fenster eine unentschiedene, wechselhafte Wetterlage gezeigt, vielleicht bewölkt und kühl, aber nicht kalt, etwas feucht, aber nicht nass, dann fällt in den nächsten Tagen höchstwahrscheinlich eine Entscheidung: Setzt sich das Azorenhoch durch, dann können Sie mit einer Wetterbesserung rechnen, gewinnt das atlantische Tief, so steht Ihnen eine lang anhaltende Schlechtwetterperiode bevor. Diese Entscheidung kann, muss aber nicht in den nächsten Tagen fallen. Falls der Kampf weitergeht oder unentschieden endet, wird sich gar nichts ändern. Dann behalten Sie bis auf weiteres das Wetter, das Sie gerade haben. Und nun einige Vorhersagen, die mit Sicherheit für alle von Ihnen zutreffen: In ganz Deutschland liegen die Temperaturen zwischen 10 und 35 Grad, nachts kühlt es auf 5 bis 25 Grad ab, vereinzelt kann es auch zu Bodenfrost kommen. Schwache bis stürmische Winde aus Nord, Nord-Ost, Ost, Süd-Ost, Süd, Süd-West, West oder Nord-West. Meist klar, örtlich aber auch Frühnebel, der vereinzelt den ganzen Tag anhalten kann. Und die weiteren Aussichten, gültig für die nächsten Stunden bis Wochen: sonnig und trocken bis regnerisch und kühl, anhaltend veränderlich bei gleichbleibend schwankenden Temperaturen und unterschiedlich starken Winden aus verschiedenen Richtungen. – Soweit zum Wetter. Und jetzt noch eine Meldung für die Autofahrer, Motorradfahrer oder Radfahrer auf der A5 oder B3 zwischen Garmisch-Partenkirchen und Husum ...

2. Bei diesem Wetter?

(1)

Er: Puh, ist das eine Affenhitze. Ich bin klitschnass, völlig durchgeschwitzt. Komm, machen wir Pause.

Sie: Was, jetzt schon? Wir sind doch gerade erst losgefahren.

Er: Das war aber auch eine blöde Idee. Wären wir doch nur ins Schwimmbad gegangen.

Sie: Los jetzt, weiter, du wolltest doch unbedingt abnehmen, da musst du dich schon ein bisschen bewegen ...

(2)

Mädchen 1: Meinst du nicht, dass es noch zu früh ist? Das Wasser ist doch bestimmt noch eiskalt.

Mädchen 2: Aber der Wetterbericht sagt, es soll heute Nachmittag ganz heiß werden. Und du hast doch auch einen Schutzanzug an.

Mädchen 1: Du hast gut reden, du kannst es ja schon. Aber ich stehe halt noch nicht so sicher auf dem Brett.

Mädchen 2: Ja eben, deshalb musst du ja so oft wie möglich üben.

(3)

Sie: Also den ganzen Tag hier herumhocken, das ist doch langweilig. Was hältst du von einer kleinen Wanderung im Stadtwald?

Er: Wanderung? Bei diesem Wetter? Es gießt doch in Strömen.

Sie: Aber wir müssen doch mal raus, auch wegen der Kinder. Die ganze Zeit zu Hause, das macht denen doch keinen Spaß. Wir können ja Regensachen mitnehmen.

Er: Mhmhm, na gut, aber nicht so lange, und nicht in den Stadtwald. Wir können ja einen kleinen Spaziergang im Park machen.

(4)

Er: Hallo, guten Tag.

Sie: Hallo, Heinz, hier Gisela. Sag mal, was ist denn jetzt mit heute Abend?

Er: Ja, wieso? Alles wie geplant. Wir haben viel eingekauft, Salate gemacht, es ist alles vorbereitet.

Sie: Aber es soll doch gegen Abend Gewitter geben. Und dann fällt ja die ganze Party ins Wasser.

Er: Ach, der Wetterbericht. Der stimmt doch sowieso nie. Und zur Not feiern wir halt im Haus weiter.

(5)

Mann 1: Mistwetter. Und ich muss unbedingt heute noch nach Stuttgart fahren. Da stecke ich auf der Autobahn bestimmt wieder stundenlang im Stau.

Mann 2: Nach Stuttgart? Bei dem Wetter? Man sieht ja die Hand vor Augen nicht. Das ist doch viel zu gefährlich mit dem Auto.

Mann 1: Aber ich muss heute fahren, sonst platzt das Geschäft.

Mann 2: Dann fahr doch mit dem Zug. Das ist sowieso bequemer.

3. Weimar, die Stadt mit Tradition

Guten Tag, meine Damen und Herren, und willkommen zur neuen Folge unseres Reisemagazins im Hessischen Rundfunk. Wir haben diesmal ein Reiseziel ausgewählt, das viele von Ihnen bestimmt besonders interessiert, ein Reiseziel, das uns sehr nah ist und doch, weil es im Osten Deutschlands liegt, lange Zeit sehr fern war: Weimar, die Stadt mit Tradition im Herzen unseres Nachbarlandes Thüringen, die Stadt, in der die deutschen Dichterfürsten Goethe und Schiller viele Jahre gelebt und ihre letzte Ruhestätte gefunden haben, die Stadt, die der ersten deutschen Republik ihren Namen gab.

Wir verlassen die Autobahn Frankfurt-Kassel beim Kirchheimer Dreieck und fahren auf der A4 Richtung Eisenach. Bei Herleshausen sehen wir links und rechts der Autobahn noch Türme, Baracken und die Überreste von Sperrzäunen. Hier verlief früher die Grenze, die Deutschland in zwei Staaten teilte. Ohne Kontrollen und langes Warten kommen wir jetzt nach Thüringen und machen gleich Station in Eisenach.

Hier besuchen wir die Wartburg, eine mittelalterliche Burg, die früher Sitz der Landgrafen von Thüringen war. Sie hatte verschiedene berühmte Bewohner, unter ihnen Martin Luther, der hier Anfang des 16. Jahrhunderts das Neue Testament aus dem Lateinischen ins Deutsche übersetzte. Weiter geht es auf der Autobahn in Richtung Erfurt und Gera. Die meisten Autos, die uns begegnen, sind aus westlicher Produktion – die DDR-Oldtimer Trabbi und Wartburg sind überraschend selten zu sehen.

In der Nähe von Weimar machen wir noch einen Besuch im ehemaligen Konzentrationslager Buchenwald, das 1937 von den Nationalsozialisten errichtet und nach dem Krieg bis 1950 als sowjetisches Internierungslager genutzt wurde. Heute erinnern ein Museum und eine Gedenkstätte an die vielen tausend Opfer, die an diesem schrecklichen Ort mißhandelt und getötet wurden.

In Weimar besuchen wir zunächst das Goethehaus, in dem der Dichter viele Jahre gewohnt hat und das heute das Goethe-Nationalmuseum und das Goethe- und Schiller-Archiv beherbergt. Ein kurzer Bummel durch die Altstadt führt uns vorbei am Goethe-und-Schiller-Denkmal zum Nationaltheater, in dem 1919 kurze Zeit die Nationalversammlung tagte. Wir stärken uns mit Kaffee und Kuchen in einem der kleinen Cafés in der Fußgängerzone und erholen uns bei einem Spaziergang im Schlosspark, der im englischen Stil angelegt ist. Zum Abschluss besichtigen wir das Grüne Schloss, einen Renaissancebau, der im 16. Jahrhundert errichtet und immer wieder verändert und umgebaut wurde und in dem heute die Thüringische Landesbibliothek untergebracht ist.

Auf dem Rückweg haben wir noch Zeit für einen kurzen Abstecher nach Arnstadt, der ältesten Stadt Thüringens, die erstmals im Jahre 704 urkundlich erwähnt wurde. Ein Spaziergang durch den mittelalterlichen Stadtkern, der noch erhalten, aber nur notdürftig restauriert ist, bildet den Abschluss unseres Tagesausflugs.

4. Der Umwelt zuliebe ...

(1)

Man kann Altpapier sammeln, es als Toilettenpapier benutzen, damit Fenster putzen, daraus Schiffchen oder einen Hut basteln, man kann es verbrennen oder einfach wegwerfen. Wir wissen nicht, was Sie mit Ihrem Altpapier machen. Wir nehmen es für unser Deodorant. Das neue 9x3 in einer Flasche, die zu 90 Prozent aus Altpapier besteht. Ohne Giftstoffe, um die Umwelt zu schonen. Vollständig biologisch abbaubar, um den Müllberg nicht noch zu vergrößern. Und mit einem Minimum an Energie und Wasser produziert. 9x3 – der Umwelt und Ihrer Sicherheit zuliebe.

(2)

In einem Punkt ist jede Flasche dem Auto immer noch überlegen: Sie kann zu 100 Prozent als Altglas wiederverwendet werden. Doch auch bei unseren Autos haben wir schon eine Recycling-Quote von 75 Prozent erreicht, obwohl die Wiederverwertbarkeit hier ein größeres Problem als beim Glas ist. Autos sollen wenig Benzin verbrauchen und müssen deshalb leicht sein. Sie sollen aber auch sicher und möglichst leise sein. Dies kann man auch in Zukunft am besten durch Kunststoffe erreichen. Aber Kunststoffe sind langlebige Materialien und lassen den Müllberg wachsen. Deshalb haben wir schon bei der Planung, Entwicklung und Fertigung unserer neuen L-Klasse an das Recycling gedacht und dafür gesorgt, dass möglichst viele Materialien wieder verwendet oder zumindest rückstandsfrei entsorgt werden können. Die Fahrer der neuen L-Klasse leisten also einen Beitrag für unser aller Zukunft. Sie schauen damit über den Stern auf ihrer Motorhaube hinaus auf den Stern, auf dem wir leben. Fernandez Lenz – wir bauen die Automobile der Zukunft.

(3)

Er: Was is'n das?

Sie: Siehste doch, 'ne Tüten-Flasche.

Er: Ne was? Isses nun 'ne Tüte oder 'ne Flasche?

Sie: Halt beides, 'ne Tüten-Flasche eben. Die ist nicht nur gut zum Nachfüllen, mit der kannste auch exakt dosieren. Und wieder zumachen kannste die auch.

Er: Und wozu das Ganze?

Sie: Na, ist doch klar. Denk doch mal an den Müllberg. Die 2-Liter-Tüten-Flasche ist zwar auch aus Kunststoff, aber sie braucht glatte 95 Prozent weniger Platz im Müll und 70 Prozent weniger Energie bei der Produktion als normale Plastikflaschen.

Er: Ach, so'n Öko-Kram. Ist da auch Öko drin?

Sie: Aber klar. Unser Waschmittel enthält viele waschaktive Reinigungssubstanzen, die zu 98 Prozent biologisch abbaubar sind. Und natürlich keine Bleichmittel, Phosphate und keine anderen umweltbelastenden Stoffe.

Er: Also Umweltschutz und trotzdem sauber?

Sie: Genau. Grünbär in der Tüten-Flasche – das Beste für Wäsche und Umwelt.

Lektion 7

1. Mama, jetzt hör doch mal zu!

Karin: Friedmann.

Mutter: Hallo, Kind. Endlich! Ich versuche schon den ganzen Tag, dich zu erreichen. Du bist ja nie da.

Karin: Ach, Mutter. Ich habe doch auch noch (einen Job, und ...)

Mutter: Sag mal, du hast doch jetzt bald Urlaub. Da fährst du doch sicher wieder nach Griechenland. Hast du denn schon alles vorbereitet.

Karin: Nein, nein, aber ...

Mutter: Siehst du, Kind, das habe ich mir gedacht. Immer alles aufschieben bis zur letzten Minute, und dann vergisst du die Hälfte! Wenn du mit dem Auto fährst, musst du unbedingt vorher alles prüfen lassen, Motor, Öl, Bremsen, die Batterie natürlich, und ...

Karin: Aber Mama, ich will doch gar (nicht ...)

Mutter: ... Du musst aber! Nicht, dass du wieder eine Panne hast wie letztes Jahr. Und eine Grüne Versicherungskarte brauchst du auch. Sollen Papa und ich dir vielleicht helfen? Papa könnte ja das Auto zur Werkstatt bringen, und ich könnte dir die Wäsche waschen und beim Kofferpacken helfen.

Karin: Aber Mama, das ist doch gar nicht nötig. (Ich ...)

Mutter: Bitte, wie du willst. Ich will dir ja nur helfen, damit du nicht wieder so einen Stress vor der Abreise hast. Beim letzten Mal hattest du doch vergessen, dir einen Internationalen Krankenschein zu besorgen und eine Gepäckversicherung abzuschließen – und dann war die Kamera weg, und den Arzt musstest du selber bezahlen. Lass mich doch wenigstens für dich die Einkäufe machen, Geld wechseln und Reiseschecks besorgen.

Karin: Mama, jetzt hör doch mal zu. Ich fahre doch gar nicht mit dem Auto weg. Ich (fahre diesmal...)

Mutter: Ach, du fliegst. Das ist mir auch viel lieber. Papa und ich machen uns immer Sorgen, wenn du allein mit dem Auto unterwegs bist. Soll Papa dich zum Flughafen fahren? Und was ist mit Bello? Bringst du uns den vorbei – oder sollen wir ihn abholen? Die Schlüssel musst du uns sowieso geben, damit wir den Briefkasten leeren und die Blumen gießen können.

Karin: Aber Mama, ihr müsst doch Bello diesmal überhaupt nicht nehmen. (Ich ...)

Mutter: Nein, du willst ihn doch nicht etwa mitnehmen? Hast du ihn denn schon untersuchen und impfen lassen? Das ist nämlich gar nicht so einfach, mit dem Hund ins Ausland. Wo fliegst du denn überhaupt hin? Sicher in die Karibik, da wolltest du ja schon lange mal hin.

Karin: Nein, Mutter. Nicht in die Karibik. Und auch sonst nirgendwo hin. Ich fahre überhaupt nicht weg. Ich bleibe diesmal zu Hause. Urlaub in Balkonien. Ich habe mir doch das neue Auto gekauft, da ist (für eine Reise ...)

Mutter: Was? Du fährst gar nicht weg? Na, das hättest du mir aber auch gleich sagen können. Da zerbreche ich mir den Kopf über deinen Urlaub, (und du ...)

Karin: Aber du lässt mich ja gar nicht zu Wort kommen, du unterbrichst mich dauernd. Ich habe ja (versucht, dir ...)

Mutter: Ach, Karin. Als ob du dich nicht durchsetzen könntest. Du machst doch sowieso immer, was du willst. Aber wenn du hier bleibst, dann kannst du uns ja öfters mal besuchen. Papa freut sich sicher auch, wenn du kommst.

2. Eine Katastrophe nach der anderen

Martin: Mensch, Egon, grüß dich. Na, dir geht's wohl nicht so gut? Du siehst ja ziemlich gestresst aus. Urlaubsreif, was?

Egon: Hör mir nur auf mit Urlaub. Ich komme gerade aus dem Urlaub. Eine Katastrophe nach der anderen. Das ging schon beim Abflug los. Erst hat das Auto gestreikt, und wir mussten ein Taxi zum Flughafen nehmen. Wir sind gerade noch pünktlich gekommen, aber dann hatte das Flugzeug Verspätung. Sechs Stunden mussten wir warten. Und als es dann schließlich soweit war, haben wir keinen Platz bekommen: das Flugzeug war voll, offensichtlich überbucht. Die nächste Maschine hatte wieder Verspätung, wir mussten auf dem Flughafen übernachten. Die erste Urlaubsnacht auf dem Düsseldorfer Flughafen, das war wirklich ein Erlebnis. Zum Schlafen war es natürlich viel zu laut und unruhig.

Martin: Und? Wann seid Ihr dann weggekommen? Oder habt ihr den restlichen Urlaub am Flughafen verbracht?

Egon: Nein, nein. Am nächsten Tag hat es dann endlich geklappt, und wir saßen tatsächlich im Flugzeug. Mittags waren wir da, aber unser Gepäck, das war nicht da. Das war irgendwo in Afrika unterwegs.

Martin: Ach, du meine Güte! Ihr Ärmsten! Ein Urlaub ohne Gepäck!

Egon: Na, ganz so schlimm war's nicht. Nach 4 Tagen kamen die Koffer dann, leicht beschädigt, aber fast komplett. Nur mein Walkman war weg. Und die Bücher, die Gisela zum Lesen mitgenommen hatte. Aber gleich nach der Ankunft, da war ja noch ein Riesenärger mit dem Hotel. Unser Zimmer war nämlich bereits weg, vergeben an ein anderes Ehepaar, weil wir nicht pünktlich waren. Das war denen natürlich sehr peinlich, und sie haben uns ein Zimmer in einem anderen Hotel vermittelt. Das Zimmer war nicht schlecht, aber direkt über der Disco. Und wenn die morgens um 5 Uhr schließlich zumachte, dann fingen die Baumaschinen an Krach zu machen, und zwar direkt vor unserem Fenster.

Martin: Und? Sowas muss man sich doch nicht gefallen lassen. Habt ihr euch denn beschwert?

Egon: Ja schon, aber es gab keine andere Möglichkeit. Das war das einzige Zimmer weit und breit. Trotzdem hatten wir noch Glück im Unglück: Das Essen im Hotel war nicht schlecht. Da gab es jedenfalls nicht nur Fisch und Reis, sondern auch mal ein anständiges Stück Fleisch und Kartoffeln. Wir haben dann auch fast immer dort gegessen, die Restaurants am Ort waren sowieso ungemütlich und viel zu teuer.

Martin: Ah ja. Und wie war der Strand? War's schön zum Baden?

Egon: Ach, hör auf. Der Strand war zu klein und zu voll, und das Meer war dreckig, da ist man im Müll geschwommen. Gebadet haben wir nur noch im Swimmingpool des Hotels, da war das Wasser wenigstens einigermaßen sauber. Aber wir sind ja kaum zum Schwimmen gekommen: Entweder war es bewölkt und kalt oder es war furchtbar heiß. Wir sind deshalb meistens in unserem Hotelzimmer geblieben, da war es ganz angenehm, mit Air-conditioning. Trotzdem haben wir uns dann noch richtig erkältet, Halsschmerzen, Fieber usw. Einen Krankenschein hatten wir natürlich vergessen, also mussten wir die Arztrechnung selber bezahlen.

Martin: Und? War das teuer?

Egon: Ja, ziemlich. Aber das war sowieso egal. Denn am nächsten Tag habe ich beim Einkaufen meine Brieftasche verloren, mit all dem Geld und mit meinem Pass. Das war vielleicht ein Theater, bis wir Papiere und Geld von der deutschen Botschaft hatten, um nach Hause fahren zu können. Wir hatten die Nase voll, wir sind dann früher als geplant wieder zurückgefahren.

Martin: Oh je, das war ja wirklich Pech. Na ja, vielleicht könnt ihr es euch ja hier zu Hause noch ein paar Tage gemütlich machen.

Egon: Gemütlich? Na, du hast Nerven. Als wir nach Hause kamen, stand die Wohnungstür offen, und die Wohnung war halb leergeräumt: Fernseher, Video, Schmuck – alles weg. Und jetzt sind dauernd Leute da: die Polizei, der Mann von der Versicherung, die Handwerker – Hektik von morgens bis abends, zum Ausruhen kommen wir da nicht. Ich freue mich jedenfalls schon auf nächste Woche, da kann ich wieder arbeiten gehen. Da habe ich wenigstens meine Ruhe im Büro ...

3. Nur weg hier – doch was dann?

Siggi S.: Guten Tag, liebe Hörerinnen und Hörer, hier ist wieder Ihr Siggi Schwafel. Willkommen zu unserem Feierabend-Magazin „Zwischenfrage“. Unser heutiges Thema heißt „Nur weg hier – doch was dann?“. Wir wollen über Auswanderung informieren, über Gründe und Hoffnungen, Chancen und Probleme. Wie immer haben wir uns einen Gast ins Studio eingeladen – heute Herrn Rudi Rastlos, der vor drei Jahren mit seiner Familie nach Australien ausgewandert ist. Und wie immer können Sie, meine lieben Hörerinnen und Hörer, anrufen und durch Ihre Fragen und Zwischenfragen die Sendung mitgestalten. Sie erreichen uns unter der Nummer 069 1 97 25. „Nur weg hier – doch was dann?“ Herr Rastlos, warum wollten Sie denn weg von hier, warum sind Sie ausgewandert?

Rudi R.: Nun ja, ich wollte nicht um jeden Preis weg. Es hat sich halt so ergeben. Ich bin Bauingenieur und habe schon mehrmals für meine Firma in Australien gearbeitet. Das Land hat mir auf Anhieb gut gefallen, und ich habe schnell Freunde gefunden. Dann wurde mir noch eine Stelle in der Nähe von Sydney angeboten – ja, und so haben wir halt – uns zur Auswanderung entschlossen.

Siggi S.: Und die Familie? War die gleich einverstanden?

Rudi R.: Meine Frau war begeistert. In Australien gab es die Möglichkeit, unseren gemeinsamen Traum zu verwirklichen: eine eigene Farm mit viel Land, das gibt es in Mitteleuropa ja kaum noch, und wenn doch, dann ist es unbezahlbar.

Siggi S.: Was haben denn die Kinder dazu gesagt?

Rudi R.: Nun ja, natürlich waren sie anfangs etwas traurig, weil sie ihre Freunde verloren haben. Aber das Leben auf einer Farm mit vielen Tieren, ein Hund, Pferde – das hat sie dann doch überzeugt.

Siggi S.: Ich habe hier eine Hörerfrage. Zunächst einmal: Wie heißen Sie? Und warum interessiert Sie das Thema Auswanderung?

Frieda F.: Ja, guten Tag, ich heiße Frieda Flüchtig und komme aus Kassel. Ich bin Krankenschwester, alleinstehend, und das ganze Leben hier, das gefällt mir eigentlich nicht mehr so. Und jetzt überlege ich schon lange, ob ich nicht nach Australien auswandern soll. Aber irgendwie fehlt mir der Mut ...

Siggi S.: Können Sie uns ein bisschen genauer sagen, was Ihnen hier nicht gefällt? Was erhoffen Sie sich denn von Australien?

Frieda F.: Also, als Krankenschwester hier, da verdient man ja sehr wenig. Und Aufstiegsmöglichkeiten habe ich auch nicht. Ich habe gehört, das soll in Australien besser sein. Ach, und die Leute hier, die sind alle so unfreundlich und egoistisch. Keiner hat echtes Interesse am anderen, keiner hilft dem anderen.

Siggi S.: Nun, Herr Rastlos, was meinen Sie? Hat Frau Flüchtig bessere Möglichkeiten in Australien? Und sind die Menschen dort wirklich freundlicher und hilfsbereiter als hier?

Rudi R.: Also, als Krankenschwester findet sie sicher schnell eine Stelle, die werden überall gesucht. Aber ob sie dort mehr verdient, weiß ich nicht. Und die Leute, nun ja. Am Anfang ist jeder auf sich selbst angewiesen, da gibt es viele Probleme und wenig Hilfe von anderen.

Siggi S.: Welche Probleme hatten Sie denn am Anfang?

Rudi R.: Ja, vor allem natürlich die Sprachschwierigkeiten. Ich konnte zwar schon gut Englisch, aber wenn man dort lebt und wirklich alles auf Englisch sagen muss ... Und dann die finanziellen Probleme. Okay, ich verdiene zwar gut, aber das Leben in Australien ist extrem teuer. Und eine Wohnung oder ein Haus zu finden ist auch nicht leicht.

Siggi S.: Nun, so ganz problemlos ist das Auswandern also nicht, auch wenn beruflich alles klappt. Frau Flüchtig, wie haben Sie sich denn über Australien informiert? Waren Sie schon einmal dort?

Frieda F.: Nein, noch nicht. Aber ich hab mal im Fernsehen einen Filmbericht über Australien gesehen, der hat mir gut gefallen. Und ich habe an das Konsulat geschrieben und mir Informationsmaterial zuschicken lassen.

Siggi S.: Ja, ... danke schön, Frau Flüchtig, und viel Glück. Dies vielleicht einmal als Ratschlag für alle Auswanderungswilligen: Bevor Sie alle Brücken hinter sich abbrechen, informieren Sie sich gründlich über Arbeitsmöglichkeiten, Wohnsituation und Einwanderungsbestimmungen – die Konsulate geben gerne Auskunft. Und lernen Sie ihr Wunschland möglichst erst einmal als Tourist kennen, damit Sie nachher nicht enttäuscht sind. Ich habe hier einen weiteren Anrufer, Herrn Norbert Neubeginn aus Mainz, der sich schon fest zur Auswanderung entschlossen hat. Herr Neubeginn, wohin möchten Sie denn auswandern? Und welche Gründe haben Sie für diese Entscheidung?

Norbert N.: Ich bin arbeitsloser Literaturwissenschaftler für deutsche und amerikanische Literatur und verdiene mein Geld zur Zeit als Taxifahrer und mit Übersetzungen. Ich möchte nach Kanada auswandern. Ich habe zwei Semester in Toronto studiert und auch schon mehrmals meinen Urlaub dort verbracht. Kanada hat mich schon immer fasziniert – die Weite des Landes, die Natur, das rauhe Klima ... Und Taxi fahren oder Übersetzungen machen – solche Jobs gibt es doch überall, dazu muss ich nicht in Deutschland bleiben.

Siggi S.: Nun, Herr Neubeginn, welche Fragen haben Sie denn an unseren Gast, Herrn Rastlos? Kanada ist zwar nicht Australien, aber Herr Rastlos kann sicher allgemeine Informationen und Tips geben ...

4. Glücklich vereint unter einem Dach

Erzähler: 40 Jahre lang lebten sie getrennt in zwei Staaten und zwei Welten: die Deutschen in der DDR und die Deutschen in der Bundesrepublik Deutschland, die Ossis und die Wessis. Dann ging plötzlich alles ganz schnell: die Mauer fiel, die Ossis kamen in den Westen, die D-Mark kam in den Osten, es gab Demonstrationen und freie Wahlen, und seit 3. Oktober 1990 sind Ossis und Wessis wieder glücklich vereint unter einem Dach, in einem Staat. Hören wir ihnen doch einmal zu:

Wessi: Diese Ossis, die sind doch nur hinter unserem Geld her.

Ossi: Diese Wessis, die wollen doch nur an uns verdienen und hier die schnelle Mark machen.

Wessi: Die Ossis wollen sofort alles haben, was wir haben, und wir sollen es bezahlen.

Ossi: Die Wessis haben es 40 Jahre gut gehabt, und jetzt wollen sie nichts abgeben.

Wessi: Von nichts kommt nichts. Wir haben schließlich 40 Jahre lang hart gearbeitet. Die Ossis wissen doch gar nicht, was Arbeit ist. Die müssen erst einmal lernen, richtig zu arbeiten.

Ossi: Die Wessis haben uns am Anfang viel zuviel versprochen. Und jetzt erfinden sie den faulen Ossi, der an allem schuld ist.

Ossi: Die Wessis sind ein Fass ohne Boden: Sie haben schon so viel von uns bekommen, aber statt sich darüber zu freuen, beschweren sie sich und wollen immer mehr.

Ossi: Die Wessis haben sich 40 Jahre lang nicht für uns interessiert. Und jetzt wissen sie plötzlich alles besser, und wollen über alles und jeden bestimmen.

Wessi: Die Ossis sind ja auch wie kleine Kinder: Die können noch gar nicht alleine laufen, die muss man an die Hand nehmen und führen. Die müssen doch erst einmal lernen, wie die freie Markwirtschaft funktioniert.

Ossi: Die Wessis denken nur ans Geld, ihr Gott ist die D-Mark, ihre Religion ist die Marktwirtschaft. Die Starken gewinnen immer, und die Schwachen haben keine Chance, auf die wird keine Rücksicht genommen.

Wessi: Bei den Ossis machen drei Leute die Arbeit von einem. Deshalb ist dort auch alles grau in grau, und es sieht aus wie nach dem Krieg.

Ossi: Die Wessis sind eiskalt. Sie haben keine Freunde, sondern nur Geschäftsfreunde. Sie nehmen sich für andere Menschen keine Zeit, sie investieren Zeit. Solidarität ist für sie ein Fremdwort.

Wessi: Die Ossis sind doch noch halbe Sozialisten. Wenn jemand hart arbeitet und viel Leistung bringt, dann nennen sie ihn einen Egoisten.

Ossi: Richtig – die Wessis denken nur an sich. Und ihre arme bis durchschnittliche Persönlichkeit verstecken sie in teuren Kleidern und dicken Autos.

Wessi: Die schimpfen doch nur auf die reichen Wessis, weil sie selber arm sind. Die Ossis sind doch nur hinter unserem Geld her.

Ossi: Die Wessis wollen doch nur an uns verdienen und hier die schnelle Mark machen.

Wessi: Die Ossis wollen sofort alles haben, was wir haben, und wir sollen es bezahlen ...

Lektion 8

1. Sie hören Nachrichten

... Diese Entwicklung sei nicht nur eine Gefahr für die Stabilität in Europa, sondern gefährde auch den Weltfrieden.

Bonn: Die Bundesregierung plant ab 1. Januar nächsten Jahres die Einführung einer Fahrradsteuer. Der Gesetzentwurf sieht vor, dass alle Fahrradbesitzer eine Jahresplakette kaufen und am Fahrrad deutlich sichtbar anbringen müssen. Die Einnahmen aus der neuen Steuer sollen vor allem für den Ausbau des Radwegenetzes in den fünf neuen Ländern verwendet werden. Die Opposition hat gegen die Steuerpläne der Regierung schärfsten Widerstand angekündigt und sprach von einer neuen Steuerlüge. Der Allgemeine Fahrradclub Deutschlands begrüßt zwar den geplanten Radwegebau im Osten, verurteilt aber scharf die geplante Steuer. Statt die Benutzung eines ökologisch sinnvollen Fortbewegungsmittels zu bestrafen, solle man lieber die Kraftfahrzeugsteuer erhöhen. Der Verband der Automobilindustrie dagegen begrüßt die Regierungspläne und sprach von einem ersten Schritt in Richtung Chancengleichheit aller Verkehrsmittel und Verkehrsteilnehmer.

Hamburg und München: Der dritte Tag des Schwerpunktstreiks der Hausfrauen zeigte verheerende Auswirkungen: Schon morgens um 8 Uhr waren alle Restaurants und Imbissstuben für den Rest des Tages ausgebucht. Demonstrationen und Kundgebungen führten zum völligen Zusammenbruch des Verkehrs in beiden Städten; viele Berufstätige kamen verspätet oder gar nicht zur Arbeit. Das Mitbringen von Babies und Kleinkindern an den Arbeitsplatz behinderte vielerorts die Arbeit und hat bereits in Einzelfällen zu Betriebsschließungen geführt. Die deutsche Hausfrauengewerkschaft sprach von einem durchschlagenden Erfolg des Streiks und kündigte eine Ausweitung und Verschärfung der Kampfmaßnahmen bis zur vollständigen Erfüllung aller Forderungen an: Bisher sei vor allem der Arbeitsplatz in Küche und Kinderzimmer betroffen, doch die Schlafzimmer seien keinesfalls tabu. Die Bundesregierung warnte vor den gesamtwirtschaftlichen Schäden des Streiks. Sie appellierte eindringlich an alle Streikenden, nicht durch unbedachte Forderungen und Aktionen die Konkurrenzfähigkeit Deutschlands auf dem Weltmarkt zu gefährden und sich in dieser schwierigen Zeit auf ihre hausfraulichen, ehelichen und mütterlichen Pflichten zu besinnen.

Lausanne: Das Internationale Olympische Komitee hat nach den jüngsten Doping-Skandalen eine Verschärfung der Kontrollen bei allen Wettkämpfen beschlossen. Die neuen Richtlinien bringen einschneidende Änderungen des Verlaufs der Spiele. Schon bei der Ankunft im Gastgeberland sollen gründliche Gepäckkontrollen sicherstellen, dass weder Dopingmittel noch vorbereitete Urinproben eingeführt werden. Um mögliche Manipulationen auszuschließen, werden die Sportlerinnen und Sportler in Gefängniszellen und Hochsicherheitstrakts untergebracht; jeglicher Kontakt mit Bevölkerung, Fans und Presse ist ihnen untersagt. Im Anschluss an die Eröffnungsfeier und vor und nach allen Wettkämpfen sollen unter den kritischen Augen der Öffentlichkeit Urintests durchgeführt werden. Medaillengewinner müssen darüber hinaus den Speiseplan der letzten 3 Jahre offenlegen. Kritiker der neuen Richtlinien sehen die Gefahr einer wachsenden Entfremdung zwischen Athleten und Fans, befürchten eine Bürokratisierung der Spiele und warnen vor gesundheitlichen Schäden.

Und noch einmal Bonn: Wie soeben gemeldet wird, hat die Bundesregierung unmittelbar auf die Kritik an der geplanten Fahrradsteuer reagiert und plant jetzt eine allgemeine Mobilitätssteuer, die sämtliche Verkehrsteilnehmer erfassen soll. Ungeklärt ist nur noch die Behandlung von Kindern und Hunden. Regierungssprecher Schönfärber wies Einwände zurück, dass eine solche Mobilitätssteuer gegen das Grundrecht der Freizügigkeit in Artikel 11 des Grundgesetzes verstoße: Wie jede Freiheit habe auch die ungehinderte Bewegungsfreiheit nun einmal ihren Preis.

Und nun zum Wetter: Heftige Schneestürme bestimmen am heutigen Sommeranfang das Wetter in ganz Deutschland ... .

2. Der Wähler hat gesprochen

Plapper: Der Wähler hat gesprochen, meine Damen und Herren, und zwar sehr deutlich. Sie haben soeben die letzte Hochrechnung zum Ergebnis der Landtagswahlen in Baden-Württemberg gesehen: Danach hat es dramatische Veränderungen der Parteienlandschaft in diesem traditionell eher konservativen Bundesland gegeben. Die beiden großen Parteien CDU und SPD haben massive Einbrüche zu verzeichnen und einen großen Teil ihrer Wähler verloren, die kleinen Parteien haben sich überraschend gut behauptet, und mit der SPD und den Republikanern zieht erstmals seit 25 Jahren wieder eine weit rechts stehende Partei in den Landtag ein. Die Wahlbeteiligung war mit 70,2% um 1,6% niedriger als beim letzten Mal. Bei mir am Tisch stehen Sieger und Verlierer – Herr Ministerpräsident Engel, Sie sind seit 2 Jahren im Amt, Ihre Partei hat 9,4% verloren und liegt jetzt bei 39,6%, Sie sind der große Verlierer dieser Wahl – müssen Sie da nicht eigentlich zurücktreten?

Engel: Nun, Herr Plapper, Sie machen es sich etwas einfach: Verloren hat bei dieser Wahl vor allem die Demokratie in unserem Lande. Nicht nur die CDU als Regierungspartei hat Stimmen verloren, sondern auch die SPD als größte Oppositionspartei. Offenbar ist es uns nicht gelungen, den Wählern die Erfolge unserer Politik hier in Baden-Württemberg deutlich zu machen. Und die Politik der Bundesregierung hat uns hier natürlich auch nicht gerade geholfen, die Probleme der deutschen Einheit haben dieses Wahlergebnis mit Sicherheit negativ beeinflusst. Natürlich bin ich schockiert über die vielen Stimmen für die Rechtsradikalen, aber wir müssen jetzt vor allem einen klaren Kopf behalten und in aller Ruhe über dieses Ergebnis nachdenken: Hier und heute politische Konsequenzen zu erwarten, das hilft niemandem.

Plapper: Frau Röhrig, wenn die Regierungspartei Stimmen verliert, ist das normal in einer Demokratie, aber wenn auch die große Oppositionspartei von der allgemeinen Unzufriedenheit nicht profitiert, sondern ebenfalls Stimmen verliert, dann ist das ein Alarmzeichen. Sie hatten bei der letzten Wahl 32% der Wählerstimmen bekommen. Dieses Mal wollten Sie mehr Stimmen als die CDU bekommen und stärkste Partei werden. Stattdessen haben Sie 2,6% verloren und sind damit unter die 30%-Grenze gerutscht. Hat die SPD als Opposition geschlafen? Ist sie die große Verliererin dieser Wahl?

Röhrig: Natürlich sind wir mit diesem Ergebnis weit hinter unseren Erwartungen zurückgeblieben. Aber vor allem zeigt doch dieses Wahlergebnis, dass die Mehrheit der Menschen in unserem Lande unzufrieden mit der CDU-Politik in Land und Bund ist. Sie fühlen sich mit ihren Problemen allein gelassen. Wir haben klare Lösungsvorschläge für diese Probleme gemacht. Aber offenbar ist es uns nicht gelungen, die Wähler von den Ideen und Alternativen der SPD zu überzeugen. Hier gab es sicher Versäumnisse, nicht nur bei uns in Baden-Württemberg sondern wohl vor allem auch auf Bundesebene. Und das gute Abschneiden der Republikaner ist ja wohl in erster Linie ein Verdienst der CDU, sie hat die Ausländerpolitik zum wichtigsten Thema ihres Wahlkampfes gemacht und damit erst den Wahlerfolg der Rechtsradikalen ermöglicht, die mit Parolen wie „Deutschland den Deutschen" und „Ausländer raus" scheinbar einfache Lösungen anbieten.

Plapper: Herr Braunmüller, die Republikaner waren im letzten Landtag nicht vertreten, damals hatten sie nur 1% der Stimmen bekommen, diesmal sind es 10,9% – welche Erklärung haben Sie für dieses überraschend gute Abschneiden Ihrer Partei?

Braunm: Zunächst einmal möchte ich allen unseren Wählern danken – das Ergebnis zeigt, dass die Menschen mit den alten Parteien unzufrieden sind. Weder CDU noch SPD konnten die Wähler überzeugen. Jeder achte Wähler in Baden-Württemberg hat uns diesmal gewählt, und das trotz Boykott der Medien und ultralinkem Terror. Wir sind die einzigen, die klare Konzepte und Lösungen anzubieten haben, und dies haben die Menschen verstanden. Wenn die CDU, der Wahlverlierer Nummer 1, jetzt glaubt von uns Politik machen zu können, wenn sie lieber mit den Linken zusammengeht als mit uns, dann wird sie bei der nächsten Wahl eine noch deutlichere Quittung bekommen. 11% der Wähler, das kann nicht einfach ignoriert werden ...)

Plapper: Herr Braunmüller, Herr Braunmüller, ich muss Sie hier unterbrechen, wir bekommen gerade eine neue Hochrechnung. Viel hat sich nicht geändert, meine Damen und Herren, aber die Regierungsbildung wird schwierig werden: die FDP liegt unverändert bei 5,9% und bleibt damit genauso stark wie bei der letzten Wahl, die Grünen legen etwas zu und liegen jetzt bei 9,5%, das ist ein Zuwachs von 1,6%. Damit reicht es weder für eine Koalition zwischen CDU und FDP noch für ein Bündnis von SPD und Grünen, und eine große Koalition zwischen CDU und SPD rückt in den Bereich des Möglichen. Inzwischen sind auch die Spitzenkandidaten von Grünen und FDP zu uns gestoßen – Herr Schlauch, wie sehen die Grünen dieses Wahlergebnis? Vermutlich mit einem lachenden und einem weinenden Auge ... .

3. Wie macht man aus vielen Hochhäusern eine Stadt?

Bodo B.: Guten Abend, liebe Hörerinnen und Hörer, und willkommen bei unserer Sendung „Streitgespräch" – heute über die Zukunft von Marzahn, der größten Neubausiedlung Europas am Rande Berlins. Hier leben auf nur 30 Quadratkilometern Beton 150000 Menschen, das entspricht der Einwohnerzahl einer Stadt wie Leverkusen oder Osnabrück. Es gibt Hunderte von Häusern, aber eines sieht aus wie das andere – das Resultat industrieller Fließbandarchitektur. Und die meisten Häuser, die erst zwischen 1977 und 1990 entstanden sind, sind in schlimmem Zustand: die Zwischenwände dünn wie Pappe, die Bäder nicht gefliest, eine vernünftige Wärmedämmung fehlt, Aufzüge funktionieren nicht, die Balkone sind nicht begehbar. Herr Weissnich, Sie sind seit kurzem Chef der Wohnungsbaugesellschaft und damit jetzt verantwortlich für die Zukunft dieser Neubausiedlung – wie konnte es zu einer solchen architektonischen Katastrophe überhaupt kommen?

Willi W.: Nun, Herr Babbel, wir haben auch hier von der früheren DDR ein sehr schweres Erbe übernommen: Marzahn sollte sozialismusgemäßes Wohnen demonstrieren, und es wurde zur Bankrotterklärung der DDR-Planwirtschaft. Marzahn ist kein Einzelfall – es ist typisch für den sozialistischen Größenwahn: In nur 20 Jahren wollte man in der DDR insgesamt 3 Millionen Wohneinheiten schaffen, um die katastrophale Wohnungsnot zu beenden. Nur drei Monate Zeit nahm man sich in Marzahn, um ein Hochhaus zu bauen. Wir im Westen haben uns damals gefragt: Wie machen die das, wie kriegen die so kurze Bauzeiten hin? Heute wissen wir es: Um den Plan zu erfüllen, war jedes Mittel recht. Wichtige Einrichtungen wie Läden, Kneipen oder Arztpraxen wurden vom Plan gestrichen, einfach nicht gebaut, es wurde Material von schlechter Qualität benutzt, und bei der Ausführung arbeitete man fehlerhaft und nachlässig – überall wurde geschludert und geschummert. Viele Häuser wurden von den Behörden freigegeben, obwohl die Arbeiter noch nicht mit Arbeiten fertig und die Architekten deshalb mit dem Bezug der Wohnungen nicht einverstanden waren.

Bodo B.: Aber das heißt doch im Klartext: Marzahn ist nicht bewohnbar, menschenwürdiges Wohnen ist hier nicht möglich. Was also soll geschehen? Herr Dünamit, Sie sind Architekt und haben einen radikalen Vorschlag zur Zukunft Marzahns gemacht.

Dieter R.: Richtig. Ich gehe davon aus, dass Marzahn nicht mehr zu retten ist. Eine menschenfeindliche Planung, schlecht realisiert, da ist die Entwicklung zum Slum vorprogrammiert. Die Frankfurter Allgemeine Zeitung hat kürzlich geschrieben: „Wer in einer solchen Mietskaserne leben muss, wird asozial." Wenn wir eine solche Ghettobildung verhindern wollen, gibt es nur eine Lösung: abreißen und völlig neu planen und aufbauen. Das ist langfristig mit Sicherheit die billigere und bessere Lösung. Niemand kann heute wissen, welche Zeitbomben noch in Marzahn versteckt sind: Asbest in den Platten, Dioxin im Boden, Standfestigkeit der Hochhäuser …

Bodo B.: Also keine Hoffnung mehr für Marzahn? Frau Heimlieb, Sie wohnen seit 8 Jahren mit Ihrer Familie im 11. Stock eines Hochhauses in Marzahn. Wie sehen Sie das als unmittelbar Betroffene?

Heidi H.: Also abreißen, nein, mit einem solchen Plan ist, glaube ich, hier niemand einverstanden – wo sollen wir denn hin? Natürlich, Mängel gibt es genug, da haben Sie alle schon Recht. Wir haben zum Beispiel Probleme mit der Heizung: Wir müssen die Fenster öffnen und schließen, um die Wohnungstemperatur zu regulieren. Und neulich, als wir einen Wasserrohrbruch hatten, da hat sich die Wand zur Nachbarwohnung einfach aufgelöst, wie ein Maggiwürfel. Und trotzdem fühlen wir uns hier zu Hause. Als wir vor 8 Jahren hierher zogen, waren wir froh über unsere schöne Neubauwohnung; endlich waren wir raus aus der kalten Altbauwohnung in der Innenstadt. Die Luft hier draußen ist besser, es ist ruhig, und mit U- und S-Bahn sind wir in 35 Minuten am Alexanderplatz, mitten in der Stadt. Und irgendwie hat es hier auch etwas Dörfliches. Man trifft sich im Einkaufszentrum, man kennt sich über die Kinder, die Leute stehen auf der Straße und reden miteinander. Das ist nicht nur meine Meinung. Regelmäßige Umfragen haben ergeben, daß zwei Drittel der Befragten mit dem Leben hier in Marzahn insgesamt zufrieden sind. Und asozial – das stimmt ja nun wirklich nicht: Die Hälfte der erwachsenen Bewohner haben einen Hochschul- oder Fachhochschulabschluss. Hier sind wirklich alle Bevölkerungsschichten vertreten, hier wohnt die Verkäuferin neben dem Ingenieur, die Sekretärin neben dem Professor, die Krankenschwester neben dem Arzt.

Bodo B.: Mit anderen Worten: Marzahn ist besser als sein Ruf. Die Marzahner selbst beurteilen Marzahn offensichtlich besser als die Nicht-Marzahner, sie wollen nicht abreißen, sondern erhalten und verbessern – gibt es denn dazu schon Pläne, Herr Weissnich?

Willi W.: Ideen gibt es viele, und damit sie Wirklichkeit werden, haben wir die „Plattform" ins Leben gerufen, einen runden Tisch von Experten, Politikern und Bewohnern. Hier führen wir mit den Einwohnern Gespräche über die Frage: Wie macht man aus vielen Hochhäusern eine Stadt? Am dringendsten sind natürlich Verbesserungen in den Wohnungen, aber genauso wichtig ist die Schaffung eines wirklichen Zentrums mit vielfältigen Dienstleistungen und breitem Kultur- und Freizeitangebot. Auch die Begrünung der vielen unbebauten Flächen zwischen den Hochhäusern, die Anlage von Parks, Sport- und Spielplätzen stehen ganz oben auf unserer Wunschliste.

Bodo B.: Dann können wir Ihnen ja nur wünschen, dass dieses Experiment gelingt, dass für die vielen guten Ideen auch genügend Geld da ist, und dass Marzahn zu einer Stadt wird, in der sich die Menschen zu Hause fühlen. In jedem Fall ist Marzahn ein Testfall dafür, wie die neue Bundeshauptstadt mit ihren Einwohnern umgeht, und ein Modell für die vielen anderen kleinen Marzahns im neuen Osten.

4. Kriminelle oder Rebellen?

Was wären die guten Bürger ohne die bösen Buben? Wer die Begegnung mit der Wirklichkeit seiner Kindheitshelden nicht scheut, der greife zur soeben erschienenen dreibändigen Geschichte der deutschen Räuberbanden. Da findet sich auf über 1000 Seiten spannende Sozialgeschichte über Outlaws und Underdogs, Verbrecher und Robin Hoods. Die beiden Herausgeber, Heiner Boehnke und Hans Sarkowich, haben zeitgenössische Berichte über berühmte Räuber und ihre Banden zusammengetragen, vor allem aus der Hochzeit des Räuberwesens zwischen 1790 und 1850. Das Volk war arm, Polizei und Gesetz waren käuflich und meist auf Seiten des Geldes, und so wurden Leute wie der Schinderhannes schon zu Lebzeiten als Volkshelden gefeiert und zum Mythos. Sie galten als Inbegriff von Rebellion, Männlichkeit, Abenteuer und Freiheit. Doch die Quellen zeigen, die meisten waren keine edlen Rebellen, sondern brutale und gefährliche Kriminelle, die ebenso brutal von Polizei und Justiz verfolgt wurden. Weil sie mit ihren Diebeszügen an die reichen Bürger hielten und die Armen verständlicherweise eher verschonten, stilisierte das unglückliche Volk zu Sozialrebellen, was sie jedoch in den seltensten Fällen waren. Doch kaum einer hatte sich sein Los wirklich selber ausgesucht. Die meisten waren arme Handwerker, die gezwungen waren, am Rande der Gesellschaft zu leben: Müller zum Beispiel, aber auch Köhler, Schäfer und Abdecker – sie alle waren Angehörige sogenannter unehrlicher Berufe, die weniger Rechte als andere Handwerker hatten. Viele von ihnen wurden in die Kriminalität getrieben, weil sie anders überleben konnten, und für ihr schweres Schicksal mussten sie oft teuer bezahlen – auf Raub stand die Todesstrafe. All das lässt sich auf das Spannendste den vorliegenden drei Bänden entnehmen. Soviel Lesewonne über anrüchige Volkshelden gab es so kompakt noch nie. Mag da auch manches Kritische anzumerken sein – z.B. fehlt ein Register –, so handelt es sich doch um eine repräsentative Sammlung. Die romantische Phantasie vom tapferen und liebenswerten Räuber wird überzeugend widerlegt – und dennoch wird sie weiterleben: als alter ego des braven Bürgers, dem sich der Räuber seinerseits gar nicht so fern fühlt.

Lektion 9

1. Oma hat einen Freund

Karin: … Ja, das war's soweit. Sonst gibt's bei uns nicht viel Neues. Und bei Euch? Was tut sich bei Euch, Else?

Else: Ach, Oma macht uns Sorgen.

Karin: Ja, die alten Leute sind halt schwierig. Was ist denn los? Ist sie krank?

Else: Krank? Nein, topfit. Der geht's eher zu gut. Stell dir vor, Karin, Oma hat einen Freund. Einen Freund! Mit 71 Jahren!

Karin: Das ist doch toll. Auch für Euch, da müsst Ihr Euch nicht dauernd um sie kümmern.

Else: Toll? Na, du bist gut! Da musst du mal die Leute hier hören: Sagt doch die Verkäuferin im Milchgeschäft neulich zu mir: „Na, Ihre Frau Mutter wird ja auch immer jünger. Sie ist wohl im dritten Frühling." So was muss ich mir am laufenden Band anhören. Ganz Kleinstadt lacht über uns. Ich kann ja gar nicht mehr unter die Leute gehen.

Karin: Ach, kümmere dich doch nicht darum, was die Leute denken. Hauptsache ist doch, dass es deiner Mutter gut geht.

Else: Dann sag das mal dem Ernst! Der sieht rot, wenn man ihn auf seine Schwiegermutter anspricht. Lächerlich würde sie sich machen, sich und die ganze Familie mit. Und ich krieg den ganzen Ärger ab: „Deine Mutter", sagt er immer, „deine Mutter, die ruiniert unseren guten Ruf." Aber das ist Oma ja egal.

Karin: Da hat sie recht. Sollen die Leute doch reden und sich das Maul zerreißen. Und dein Mann, der soll ganz ruhig sein, der wollte doch immer mit deiner Mutter noch nie etwas zu tun haben.

Else: Aber wie sie sich aufführt, Karin. Schlimmer als ein Teenager. Du kennst doch Oma: Seit Opas Tod hat sie immer nur Schwarz, Grau und Weiß getragen. Du solltest mal sehen, wie sie sich jetzt anzieht: ganz bunt, sogar rot und gelb. Und immer nach der neuesten Mode. Die Haare hat sie auch gefärbt, und sie rennt jetzt jede Woche zum Friseur. Sie läuft rum wie ein Papagei. Und was das kostet! Früher hat sie jeden Pfennig zweimal umgedreht, jetzt schmeißt sie mit dem Geld nur so um sich. Und sie trägt jetzt auch Hosen, das hat sie früher nie gemacht.

Karin: Lass sie doch, ihr muss es doch gefallen. Warum sollen sich alte Leute nicht schick machen?

Else: Na ja, du verstehst das nicht. Du lebst halt in Berlin. Aber hier bei uns, in Kleinstadt, da denkt man anders darüber. Du hast sie völlig verändert. Früher hat sie sich immer beschwert, dass wir keine Zeit für sie hätten, heute ist sie immer auf Achse. Und wenn sie mal bei uns ist, redet sie nur noch von Otto: Otto sagt …, Otto meint …, Otto hat dies gemacht, Otto hat jenes gemacht, Otto hier, Otto dort – ich kann's nicht mehr hören. Früher hat sie immer gesagt, der Josef, mein Vater, sei für sie immer der einzige Mann in ihrem Leben. Und heute? Weißt du, was sie heute sagt? „Ich war dem Josef mein ganzes Leben lang treu – jetzt bin ich mir treu."

Karin: Recht hat sie. Lass sie doch ihr Leben noch genießen, sie hat doch wirklich bisher fast nur für andere gelebt.

Else: Also, mir ist das ja egal. Soll sie doch machen, was sie will. Aber sie ist jetzt auch noch Urgroßmutter geworden, da sollte sie doch etwas mehr Zeit für die Familie haben. Stattdessen will sie den Winter in Spanien verbringen, mit Otto natürlich. Und dafür kauft sie für teures Geld einen Campingbus. Jetzt kann sie es kaum noch erwarten loszufahren. Mir kann's ja egal sein, was Oma mit ihrem Geld macht. Aber Oma und Camping? Und das in Spanien? Und gleich für ein halbes Jahr? Früher hätten sie keine zehn Pferde aus Kleinstadt herausgebracht … .

2. Rentner-Service Trudi Hektik

… erfahrene Nikoläuse und Weihnachtsmänner jeder Größe, besonders günstig im 10-Jahres-Abonnement.

Dies ist nur ein kleiner Ausschnitt aus unserem Rundum-Service-Angebot für alle Lebenslagen. Wir sind sicher, dass wir auch Ihr Problem lösen können. Sie erreichen uns montags bis freitags von 9 bis 19 Uhr unter der Telefonnummer 010 / 321 65 43. Wir freuen uns auf Ihren Anruf. Auf Wiederhören.

Guten Tag, hier ist die Telefon-Information von Trudi Hektiks Rundum-Rentner-Service. Sie kennen uns nicht nicht? Sie können uns kennen lernen! Wir bieten Ihnen einen Rundum-Service für alle Lebenslagen.

Ärger mit den lieben Kleinen? Für unsere Leihomas und -opas kein Problem! Ob spielen oder spazieren gehen, Spinat füttern oder ins Bett bringen: Unser Babysitter-Service wird mit jedem Schreihals fertig.

Sie haben keine Lust mehr, Ihren Kindern ewig die gleichen Geschichten vorzulesen? Sie kennen 'Momo' und 'Pinocchio' schon auswendig, und 'Heidi' hängt Ihnen zum Hals raus? Vielleicht ist Ihnen das Lesen auch zu anstrengend? Sie wollen nicht lesen, sondern lesen lassen? Dann sind Sie reif für unsere Leseratten. Die fallen über jeden Bücherschrank her, lesen jedes Buch vor und erklären Ihnen alles, was sie nicht verstehen.

Do you speak English? Und wie gut sind Ihre Mathematikkenntnisse? Wenn die Schulaufgaben Ihrer Kinder auch für Sie zu schwierig werden, wird es Zeit für unsere Schulaufgabenhelfer: Sie haben viel Zeit, große Geduld und auf alle noch so dummen Fragen eine Antwort.

Hassen Sie das auch: die langen Schlangen an der Kasse im Supermarkt, das endlose Warten bei Ärzten und Ämtern, die Jagd auf die letzten freien Sitzplätze in der U-Bahn und die letzten Krabben am kalten Büffet? Unsere Schlangensteherinnen und Platzhalter sorgen dafür, dass Sie nirgends warten müssen, überall einen Sitzplatz finden und nie zu spät kommen.

Haben Sie Angst, in Urlaub zu fahren und Ihr Haus oder Ihre Wohnung unbewacht zurückzulassen? Wissen Sie nicht wohin mit Hund oder Pflanzen? Unsere Urlaubswohnerinnen und -wohner machen es sich bei Ihnen gemütlich, wenn Sie fern der Heimat in unbequemen Hotelbetten schlecht schlafen. Und weder Ihr Hund noch Ihre Pflanzen werden Sie vermissen. Natürlich haben wir auch einen Feinschmecker- und Partyservice, vermieten Hostessen, Gesellschafter und Entertainer und reparieren so ziemlich alles, was kaputtgehen kann. Bitte beachten Sie besonders unseren jahreszeitlichen Fest-Service: Wir schicken Ihnen erfahrene Nikoläuse und Weihnachtsmänner jeder Größe, besonders günstig im 10-Jahres-Abonnement.

Dies ist nur ein kleiner Ausschnitt aus unserem Rundum-Service-Angebot für alle Lebenslagen. Wir sind sicher, dass wir auch Ihr Problem lösen können. Sie erreichen uns montags bis freitags von 9 bis 19 Uhr unter der Telefonnummer 010 / 321 65 43. Wir freuen uns auf Ihren Anruf. Auf Wiederhören.

Guten Tag, hier ist die Telefon-Inf...

3. Was nun, Herr Bäum?

Wickert: ... ihren entschiedenen Widerstand angekündigt. Schlechte Chancen also für den von Norbert Bäum vorgelegten Gesetzentwurf zur Einführung einer Pflegeversicherung. Wir haben Gesundheitsminister Bäum in einem Bonner Studio gebeten. Guten Abend, Herr Bäum.
Bäum: Guten Abend, Herr Wickert.
Wickert: Herr Bäum, Sie haben die Pflegeversicherung als die entscheidende sozialpolitische Aufgabe dieser Legislaturperiode bezeichnet, aber die Regierungskoalition kann sich nicht einigen. Unterstützung haben Sie nur bei der Opposition. Müssen Sie jetzt nicht zurücktreten oder die Partei wechseln?
Bäum: Also zum Rücktritt sehe ich nun wirklich keinen Anlass. Im Gegenteil: Als ich vor einigen Jahren von einer Pflegeversicherung gesprochen habe, meinten viele: Was soll denn das, der spinnt, der Bäum. Heute bestreitet niemand mehr die Notwendigkeit einer solchen Pflegeversicherung – der Streit geht nur noch um die Finanzierung. Wenn das kein Erfolg ist!
Wickert: Es gibt die Krankenversicherung, die Rentenversicherung, die Arbeitslosenversicherung – wozu brauchen wir denn jetzt noch eine Pflegeversicherung?
Bäum: Die steigende Lebenserwartung und die Altersstruktur der Bevölkerung haben zu einem Anstieg der Pflegefälle geführt. Weil immer mehr Frauen arbeiten gehen und sich die traditionellen Familienstrukturen aufgelöst haben, steigt die Zahl der alten und pflegebedürftigen Menschen, die in Heimen betreut werden müssen oder sogar dringend benötigte Krankenhausplätze belegen. Und die Pflege in solchen Einrichtungen ist so teuer, dass in den meisten Fällen die Rente nicht ausreicht, um die Kosten zu decken. Da muss dann der Staat mit Sozialhilfeleistungen einspringen. Nach einem langen Arbeitsleben

plötzlich auf Sozialhilfe angewiesen zu sein, das ist einfach unwürdig, das verstehen unsere Alten nicht, das haben sie nicht verdient.
Wickert: Aber was kann denn hier die Pflegeversicherung ändern?
Bäum: Bisher hatten meistens die Frauen die schwere Last der Pflege zu tragen – d. h. rund um die Uhr für einen anderen Menschen da zu sein, ohne Urlaub, ohne Bezahlung. Die Pflegeversicherung ermöglicht es, diese schwere Arbeit wenigstens teilweise zu bezahlen, und damit die häusliche Pflege wieder attraktiver zu machen. Außerdem wird der Staatshaushalt entlastet, für die Pflege zahlt nicht mehr das Sozialamt, sondern die Solidargemeinschaft der Versicherten – genau wie bei der Renten- und Krankenversicherung.
Wickert: Nun sollen ja nach Ihren Plänen die Beiträge von 1,5 Prozent des Einkommens je zur Hälfte von Arbeitgebern und Arbeitnehmern bezahlt werden. Das aber würde die Lohnnebenkosten in die Höhe treiben. Ihr Koalitionspartner, aber auch viele Ihrer Parteifreunde, fürchten um die Wettbewerbsfähigkeit der deutschen Wirtschaft. Sie lehnen deshalb Ihr Finanzierungsmodell entschieden ab und unterstützen allenfalls eine rein private Pflegeversicherung.
Bäum: Es hat noch niemand wirklich vorgerechnet, wie ein solches privates Modell funktionieren soll. Die Pflege unserer Alten und Behinderten – das ist eine Gemeinschaftsaufgabe, zu der alle ihren Beitrag leisten müssen, auch die Arbeitgeber. Ich bin bereit, über alles zu reden, die Politik lebt schließlich von Kompromissen. Aber ein Klassensystem in der Pflege – eine erstklassige Pflege für Leute mit Geld und ein Sparmodell für alle mit geringerem Einkommen: nein danke, nicht mit mir, das finde ich unsozial, da macht der Bäum nicht mit.
Wickert: Vielen Dank, Herr Bäum. Nun weiter mit Nachrichten des Tages.

4. Jetzt steh' ich hier – mutterseelenallein

... ach ja, Bertha, ich hab' dir ein paar Blumen mitgebracht. Schön sind sie – wenn du sie nur sehen könntest, deine Freude hättste dran! Mutterseelenallein steh ich hier, weißt du das? Und dabei ist das heute ein Tag, auf den wir uns immer gefreut haben: Goldene Hochzeit. Die wollten wir feiern, ganz groß, mit Blumen und Musik und Gästen, und einem großen Kuchen mit einer goldenen „50" drauf, wie es sich gehört für eine anständige Hochzeit. Wo wir doch unsere richtige Hochzeit gar nicht so richtig gefeiert haben, damals 1941. Ganze 20 Jahre war ich alt, und du erst 17, es war Krieg, und ich war auf Heiratsurlaub. Und die Marianne war ja schon unterwegs, die wurde ja noch im selben Jahr geboren. Ja, da haben wir dann schnell geheiratet: du im gelben Straßenkleid, und ich im geliehenen Anzug – Geld hatten wir ja damals keins. Naja, und später, zur Silbernen Hochzeit, da gab's auch keine große Feier, da war das Haus wichtiger. Da sind wir nur essen gegangen, nur wir zwei, unsere erste echte Pizza beim Italiener. Leicht hast du's ja nicht gehabt, damals, nach dem

Krieg, die kalten Winter 45 und 46 warst du ja allein. Steine klopfen, zwei Kinder durchbringen, wenig zu essen – einfach war das nicht. Und auch das Hänschen ist da ja noch in den Hungerjahren geboren, bald nachdem ich heimgekommen war aus der Gefangenschaft. Ich hatte ja noch Glück, ich kam schon im Sommer 47 wieder nach Hause – da hast du gestaunt, wie ich plötzlich in der Tür stand. Jahrelang zu fünft in einem Zimmer, und dann 52 unsere erste gemeinsame Wohnung. Ganze 40 Quadratmeter, nur für uns – Mensch, war das ein Luxus! Und dann das Häuschen, war das eine Aufregung, 67 war es schließlich fertig. Klein und gemütlich, gerade richtig für uns beide. Die Kinder waren ja schon groß und aus dem Haus, nur das Hänschen war noch bei uns. Aber ein großer Garten, für die Enkelkinder, ... und die wurden dann gar nicht hier geboren! Sie musste ja auch unbedingt nach Amerika, die Marianne, so jung war sie noch, gerade 18 – und dann konntest du mit den Enkelkindern nicht mal unterhalten, darüber warst du ganz schön traurig. Hänschen ruft ja ab und zu mal an, aber Egon, von dem haben wir ja nichts mehr gehört seit dem großen Krach, damals 62, einfach abgehauen ist er ... . Da hat man nun drei Kinder großgezogen, und ... naja, ich will mich nicht beklagen, die Kinder gehen halt ihre eigenen Wege. Aber dass ich heute hier ganz allein stehe ... Ein schönes Kleid hättest du dir kaufen sollen, und zum Friseur gehen. Und feiern wollten wir im Hotel Maribu – ganz fein. Aber so, so muss ich dir halt Blumen bringen, gelbe Rosen – das waren doch deine Lieblingsblumen, die hab ich extra gepflanzt für dich. Vielleicht kannst du sie ja schon sehen? Drei Jahre bist du jetzt schon tot, Bertha. Und ich steh hier allein an unserer Goldenen Hochzeit. Weißt du, was ich jetzt mache? Ich gehe jetzt ins Maribu, hab dort einen Tisch bestellt: für zwei Personen, schön festlich gedeckt. Ich werd sagen, du kannst nicht kommen ... .

Lektion 10

1. Geschichten vom Dichten

1 Der Dichter
Der Dichter ist ein Mann, der schreibt,
was andre Leute lesen;
doch was er für sein Werk bekommt,
reicht nicht mal für die *Unkosten*.
2 Geburtstagstrost
Der Dichter wird heut' siebzig Jahre.
Ich greif zum Federhalter.
„Robert", schreib ich, „siebzig Jahre,
das ist doch kein *Problem!*"
3 Der Kneipenpoet
Jetzt hat er lange gedichtet,
jetzt schreibt er den letzten Reim,
jetzt trinkt sein Bier aus und zahlt
und schwankt betrunken *nach Hause.*
4 Abendgedicht
Der Tag geht zu Ende, der Abend kommt,
überall leuchten die Lichter.
Wenn jemand das schöner als ich hier beschreibt,
dann nennt man ihn einen *Autor.*

5 Kleine Literaturkunde
Wenn es sich reimt, ist's ein Gedicht.
Ist's ein Roman, dann reimt sich's *selten.*
Ist es ein Sportbuch, dann geht's um Rekorde,
ist es ein Krimi, dann geht es um *Verbrechen.*
Ein Kochbuch hilft in der Küche
und „Hören Sie mal!" bringt nur noch *Unsinn.*
6 Warten auf die Muse
Stunde um Stunde verstreicht,
nichts hat der Dichter erreicht!
Das Warten auf Einfälle
bringt heute nur Reinfälle –
Dichten ist nicht so *einfach.*

2. Mein Motor zum Schreiben

Vera N.: Zu unserer heutigen Schulfunksendung „Literatur näher betrachtet" haben wir einen Autor eingeladen, der uns über die Arbeit eines Schriftstellers und die Probleme des Schreibens Auskunft geben soll. Es ist Stefan Eisner, Autor mehrerer Jugendbücher, Kurzgeschichten und Romane sowie eines Gedichtbandes. Guten Tag, Herr Eisner, ...
Stefan E.: Guten Tag.
Vera N.: ... erzählen Sie unseren Hörerinnen und Hörern doch einmal, wie Sie zum Schreiben gekommen sind.
Stefan E.: Ich habe vor mehr als 20 Jahren angefangen zu schreiben. Meine ersten Gedichte entstanden, als ich gerade 14 Jahre alt war. Die ersten wirklich ernsthaften Schreibversuche folgten dann einige Jahre später. Das Schreiben war für mich immer eine Möglichkeit, unsere komplizierte Welt besser zu verstehen. Oft scheint ja die Welt ein Puzzle zu sein – viele Einzelteile, die nicht zusammenpassen. Beim Schreiben versuche ich, diese Einzelteile zu ordnen, ich zeige meinen Lesern also eine Lösung für das Puzzle.
Vera N.: Und die sind damit einverstanden? Die finden Ihre Lösung richtig?
Stefan E.: Nicht unbedingt. Ich habe ja gesagt, ich zeige meinen Lesern *eine* Lösung für das Puzzle – im Leben gibt es natürlich immer mehrere Lösungen. Als Autor mache ich meine Denk-Resultate, meine Meinungen und Ansichten öffentlich, ich stelle sie zur Diskussion. Und ich wünsche mir eine lebhafte Diskussion, einen produktiven Streit mit meinen Lesern. Das ist meine Motivation, mein Motor zum Schreiben.
Vera N.: In Ihren Büchern und Artikeln beschäftigen Sie sich oft mit Menschen, die in unserer Gesellschaft große Schwierigkeiten haben, mit den Schattenseiten der Wohlstandsgesellschaft, mit Drogen, Arbeitslosigkeit, Umweltkatastrophen ... Wollen Sie durch Ihr Schreiben die Gesellschaft verändern?
Stefan E.: Ich glaube schon, dass es wichtig ist, immer wieder über gesellschaftliche Probleme zu informieren, und natürlich möchte ich möglichst viele meiner Leser zum Nachdenken und Umdenken anregen. Aber ich weiß, dass Literatur – und ganz egal, welche Art von Literatur – die Gesellschaft nicht grundlegend verändern kann. Und ich bin der Meinung, dass Bücher nicht nur informieren, sondern auch unterhalten sollen.

Wenn das Lesen keinen Spaß macht, dann wird jedes Thema uninteressant. Ich glaube, Lachen bringt das Hirn in Bewegung.

Vera N.: Der Beruf des Autors ist für viele Leute etwas Geheimnisvolles. Wie sieht Ihr Arbeitsalltag aus?

Stefan E.: Die Leute meinen, Schriftsteller hätten viel freie Zeit und würden nur dann arbeiten, wenn sie gute Ideen haben. Das ist natürlich Unsinn. Die Autoren, die vom Schreiben leben, müssen hart arbeiten, und müssen mehr schreiben, als sie wollen. Ich versuche, regelmäßig zu arbeiten, aber es gelingt mir nicht immer. Am Vormittag und am späten Abend sitze ich meistens an meinem Schreibtisch. Ich bin ein Nachtmensch und habe viele meiner Bücher spät abends oder nachts geschrieben. Da habe ich die meiste Ruhe und kann mich am besten konzentrieren. Am Nachmittag mache ich die Alltagsarbeit eines Autors: Briefe lesen und beantworten, Telefonate mit Zeitungen und Buchverlagen, viel Kleinkram. Und oft bin ich natürlich unterwegs: bei Lesungen, Diskussionen, oder auf der Suche nach neuen Themen, interessanten Menschen, neuem Stoff.

Vera N.: Vielen Dank, Stefan Eisner, für diese interessanten Auskünfte. Sie arbeiten ja gerade an einem neuen Buch mit dem Titel „Hier Auskunft – bitte warten" – vielleicht können Sie uns ja zum Abschluss noch etwas daraus vorlesen?

Stefan E.: Gerne. Einen Moment bitte ...

3. Frühstück mit Marlowe

Sprecher: Willkommen zu unserer Bücherkiste, liebe Hörerinnen und Hörer. Wir haben diesmal eine ganz besondere Köstlichkeit ausgesucht: eine Rezeptsammlung für Feinschmecker und zugleich einen Ausflug ins Krimiland, eine Auswahl von Gerichten, die man in berühmten Kriminalromanen aus aller Welt finden kann. Hier lernt man die Detektive, Kommissare, Polizisten und Gangster von einer anderen Seite kennen – im Mittelpunkt stehen ihre Lieblingsspeisen. Frank Göhre, selbst Krimiautor und Hobbykoch, hat für die Freunde von Küche und Colt ein wahres Festmenü bereitet. Er hat die Bücher seiner großen Kollegen durchgesehen und stellt in dem Band „Frühstück mit Marlowe" insgesamt 180 leicht nachkochbare Rezepte vor. Ein kulinarischer Spaziergang für Magen, Augen und Geist, bei dem man nicht nur viele Ideen für eigene Kochversuche bekommt, sondern auch 25 berühmte Krimiautoren kennen lernen oder wieder entdecken kann – eine Empfehlung zum Weiterlesen also, und eine wirklich originelle Idee! Zu Gast bei mir im Studio ist der Autor Frank Göhre. Herr Göhre, wie sind Sie auf die Idee gekommen, ein ungewöhnliches Buch zu machen?

Göhre: Sie werden lachen: Vor zwei Jahren machte ich meine Frühjahrsdiät, und dabei hatte ich natürlich viel Hunger und dachte oft ans Essen. Um auf andere Gedanken zu kommen, las ich viele Krimis, aber das hat nicht viel geholfen, eher im Gegenteil: Ich stellte fest, dass die meisten Krimis sehr „rezepthaltig"

sind, dass vor und nach den Morden ausgesprochen viel und fast immer sehr gut gegessen wird. Und da ich selbst ein begeisterter Koch bin, habe ich angefangen, die Rezepte zu sammeln und aufzuschreiben, fehlende Angaben zu ergänzen und sie so nachkochbar zu machen.

Sprecher: Und damit nicht nur der Magen zufriedengestellt wird, haben Sie die Rezepte mit Geschichten über die Autoren und ihre Krimihelden verbunden. Vielen Dank Ihnen, Herr Göhre, und viel Spaß Ihnen, liebe Hörerinnen und Hörer, beim Kochen und Lesen – beim Frühstück mit Marlowe.

4. Hier muss jeder etwas mitnehmen

Arm-Amatzki: ... auch hier werden wir uns wie immer nicht einigen können, aber das macht ja auch nichts ... Kommen wir zum letzten Buch des heutigen Abends, ein ungewöhnliches Werk, geschrieben von bisher unbekannten Autoren, mit dem für ein Buch erstaunlichen Titel „Hören Sie mal!". Inzwischen sind schon 2 schmale Bändchen erschienen. Frau Gabler, was meinen Sie, hat es Ihnen gefallen?

Gabler: Nun ja, Herr Arm-Amatzki, wir haben es hier mit einem Versuch zu tun. Schon mit der Produktion eines Medienpaketes – jeder Band von „Hören Sie mal!" besteht aus 3 Kassetten mit den eigentlichen Texten und aus einem Begleitbuch, das beim Verstehen der Texte helfen soll – sind Autoren und Verlag neue Wege gegangen. Die Textsammlung besteht vor allem aus Dialogen, daneben finden sich auch Werbespots, informative Sachtexte und kurze Geschichten. Die Autoren wollten Alltagstexte schreiben, doch das ist ihnen nur zum Teil gelungen. Einiges ist durchaus interessant, anderes gut gemeint, aber insgesamt fehlt mir doch eine Verbindung zwischen den Texten. Das Werk kommt über eine Folge von isolierten Momentaufnahmen nicht hinaus, eine Entwicklung von Personen und Beziehungen ist nicht erkennbar, die Personen werden nicht richtig lebendig. Warum schütteln Sie den Kopf, Herr Parasek?

Parasek: Entschuldigen Sie, Frau Gabler, aber das ist mir einfach zu vorsichtig formuliert. Sagen wir es doch ganz offen: Das Werk ist schlecht, eine Sammlung von langweiligen Texten, Vorurteilen und Klischees, künstlichen Personen und Typen und völlig unglaubwürdigen Situationen und Dialogen. Wenn ich ein männliches Modell „Herr Schön" nenne, wenn in dümmlichen Werbetexten Autos oder Waschmittel vorgestellt werden, oder wenn ein Wetterbericht nicht mal richtig über das Wetter informiert – das ist nicht lustig, sondern ärgerlich. Ich bin ja bereit, ein literarisches Werk in Form einer Tonkassette zu akzeptieren, aber was hier das sogenannte Begleitbuch als angebliche Hilfestellung für ein besseres Verstehen anbietet, dieses ständige „Hören Sie noch einmal und markieren Sie" – als ob es beim dritten Hören besser würde – das geht einfach zu weit, das ist eine unerträgliche Bevormundung. Die Leser bzw. Hörer sind doch keine kleinen

Kinder mehr! Ich hoffe, Sie sind wenigstens diesmal mit mir einverstanden, Herr Arm-Amatzki.

Arm-Amatzki: Also, Herr Parasek, wenn ich Ihnen so zuhöre, dann glaube ich, ich habe ein anderes Buch gelesen. Natürlich ist nicht alles gleich gut, aber es gibt einige ausgezeichnete Stellen, und auch die Sprache ist ebenso einfach wie genau. Wir finden herrlich komische Typen in herrlich komischen Situationen. Was Sie, Herr Parasek, und Sie, Frau Gabler, als Sammlung isolierter Texte ohne jeden Zusammenhang bezeichnen, das ist doch in Wahrheit gerade die Qualität des Werkes, zeigt seine Modernität und macht es zum Spiegel unserer Gesellschaft: das Leben als Collage alltäglicher Situationen, als Folge zufälliger Treffen von durchschnittlichen Typen. Und was das Begleitbuch angeht, Herr Parasek, da bin ich natürlich auch ganz anderer Meinung als Sie: Selten hat ein literarisches Werk vom Leser so direkt eine intensive und wiederholte Beschäftigung gefordert, selten hat ein Werk den Leser so freundlich durch den Text geführt. Hier kann und hier muss jeder etwas mitnehmen, dieses Buch geht an niemandem spurlos vorbei – und viel mehr kann man von einem Buch doch nicht verlangen. Aber ich sehe schon, wir werden uns wie immer nicht einig. Unsere Sendezeit ist abgelaufen, wir verabschieden uns von unseren Zuschauern bis zum nächsten literarischen Trio.